Zora Gienger

Heilkraft der Dualseelen

Gemeinsames Wirken für die Welt

Bitte fordern Sie unser kostenloses Verlagsverzeichnis an:

Smaragd Verlag
In der Steubach 1
57614 Woldert (Ww.)
Tel.: 02684-97848-10
Fax: 02684-97848-20
E-Mail: info@smaragd-verlag.de
www.smaragd-verlag.de

Oder besuchen Sie uns im Internet unter der obigen Adresse.

Deutsche Erstausgabe: Juni 2012
Dritte Auflage: Januar 2014

Umschlaggestaltung: preData
Satz: preData
Printed in Czech Republic
ISBN 978-3-941363-73-1

Zora Gienger

Heilkraft der Dualseelen

Gemeinsames Wirken für die Welt

Smaragd Verlag

Über die Autorin

Zora Gienger ist Lichtheilerin, Poetin, Künstlerin und Tänzerin und ständig mit der spirituellen Welt verbunden. Ihre große Liebe gilt dem Schreiben und der Poesie. Sie schreibt Märchen, Erzählungen und Geschichten voller Weisheit und Heilkraft und empfängt wunderschöne und poetisch spirituelle Texte aus liebenden Lichtreichen.

Das Wissen um die Dualseelen trug sie schon als Kind in sich, doch erst jetzt war die Zeit reif, die Botschaft der Dualseelen in der Neuen Zeit in die Herzen und Seelen der Menschen zu senden. Das Wunder der Liebe und die Heilkraft der Dualseelen ist ewig und grenzenlos. An dieser Erfüllung und Freude möchte Zora Gienger ihre Leserinnen und Leser teilhaben lassen.

www.zora-gienger.de *oder* www.praxis-gienger.de

Inhalt

Vorwort

Liebe Leserin, lieber Leser,

ich freue mich, mit dir den innigen Gedanken der Dualseelenliebe zu teilen. Während du dieses Buch liest, bin ich ganz bei dir. Du kannst alles in Ruhe lesen, auf dich wirken lassen, eintauchen in das Gefühl der unendlichen, ewigen und göttlichen Liebe und darauf vertrauen, dass auch du ein wunderbares Kind Gottes bist. Die Liebe ist mit und in dir. Du selbst bist die Liebe, wahr gewordene Liebe, ein wahr gewordener göttlicher Liebesfunken. Und deine Dualseele ist immer bei dir, im Bewusstsein der untrennbaren Einheit von Allem-was-ist. Nun wird es Zeit, dass du dir dessen bewusst wirst, es genießt und zum Wohl aller zur Entfaltung bringst.

Liebe ist immer etwas Besonderes. Es kann die Liebe zwischen Eltern und Kindern sein, die Liebe zu Freunden, die zum Lebenspartner oder die spirituelle, ganzheitliche Herzensliebe zwischen allem Lebendigen dieser Schöpfung.

Seelenliebe ist einfach wunderbar, da wirst du mir sicherlich zustimmen. Die Liebe zwischen Dualseelenpartnern aber ist das I-Tüpfelchen im menschlichen Leben, wie ein wahr gewordenes Wunder, wenn sie erkannt wird.

Die gute Nachricht ist: Sie kann erkannt werden! Einfach so! Ohne Mühe, ohne Verzweiflung, Ansprüche, Erwartungen und täglichen Kleinkrieg. Dualseelenliebe ist! Sie ist von Anfang jeglichen Lebens existent. Und nun ist die Zeit reif, sie ins Bewusstsein zu rücken und zu leben.

Komm mit mir! Ich begleite dich auf dem Weg dieser Erkenntnis und mache dir etwas Wunderschönes bewusst. Ich zeige dir den Weg, deine Dualseele zu lieben, sie über alles zu lieben und mit ihr eins zu sein. Du hast das Potenzial in dir, zu lieben. Und deine Dualseele zu lieben, wird dir neue Dimensionen der Liebe offenbaren.

Schon als Kind faszinierte mich die Idee von zwei Menschen, die eine Einheit bilden. Fotos von küssenden Liebenden, Umarmungen in tiefer Freude und Verbundenheit und das glückliche Lächeln auf den Gesichtern aller, denen etwas besonders Schönes widerfährt, fand ich unwiderstehlich anziehend.

Es strahlte etwas aus den Menschen heraus, das ich als Kind noch nicht erfassen konnte. Aber spüren konnte ich es. So öffnete ich mein Herz für alles, was viele Menschen heutzutage als schnulzig oder romantisch betrachten und mit etwas Verächtlichkeit in der Stimme herabwürdigen. Auch ich wurde belächelt, als Schülerin in der Toilette eingesperrt und ob meiner Naivität gehänselt. Alle fanden mich weltfremd. Es herrschte die Zeit des Intellekts. Und jemand, der aus dem Gefühl der Liebe heraus lebte und das auch noch nach außen zeigte, galt als verschroben, weltfremd, naiv und sogar dumm. Doch mir war es gleichgültig, dass ich belächelt wurde.

Von den Dualseelen erfuhr ich erst viele Jahrzehnte später. Als Kind aber liebte ich Momente der Innigkeit, Einigkeit und fließenden Liebe. Zu sehen, zu spüren und zu erleben, dass es möglich ist, mit einem anderen Menschen zu verschmelzen, sei es in einem Blick, in einem Kuss oder einer Berührung, war für mich das Höchste. Ich konnte es nicht ausdrücken, aber es setzte etwas Himmlisches in mir in Bewegung, wenn ich an sichtbarer, fließender Liebe teilnehmen konnte.

Heute weiß ich, dass es ein Teil des Göttlichen ist, das wir erfahren, wenn wir uns einander in Liebe hingeben und zueinander bekennen. Das Göttliche wird sichtbar, erfahrbar und greifbar – wenigstens für kostbare Augenblicke. Wir kehren heim in Gottes Hände, ins göttliche Herz des Seins. Pure Erfüllung durchflutet uns, sodass nur noch himmlische Freude in uns wirkt. Das sind die Momente, in denen jeder erleuchtet ist und von Licht und Liebe durchflutet wird. Das Paradies ist jetzt! Das Paradies auf Erden.

So etwas können wir immer haben, wenn wir unsere Dualseele lieben, doch auch mit jedem anderen Seelenpartner. Aber mit der Dualseele ist es tatsächlich wie das Paradies auf Erden. Es ist perfekt, die höchste Erfüllung – von Augenblick zu Augenblick, von Ewigkeit zu Ewigkeit.

Auch wenn es uns Menschen nicht gegeben ist, ewig in diesem paradiesischen Sein zu verweilen, schaffen wir, wenn wir unsere Dualseele bewusst lieben, immer wieder den Zugang zu unserer Göttlichkeit und zur gesamten göttlichen Schöpfung. Die Freude wird dann zu unserem Sein.

Was dann folgt, ist gigantisch erfüllend. Es ist das „Ich liebe dich so sehr!" Das Herz öffnet sich, und es strömt Liebe durch uns. Wir selbst werden mit Leib und Seele zu einem Strom der Liebe. Liebe geschieht, indem du liebst.

Du liebst deine Dualseele, und mit ihr die ganze Welt: dich selbst und alles, einfach alles!

Woher ich das alles weiß?

Ich öffne mich, um für alles Kanal zu sein, was in mir strömen möchte. Denn wir sind alle eins. Und so ist die Geistige Welt in jedem von uns präsent. Jeder ist alles, und alles ist in jedem. Deshalb bist auch du an das universelle Wissen aus Vergangenheit, Gegenwart und Zukunft angebunden.

Alles Wissen ist in uns.

Wir sind Wissende, wenn wir bewusst sind und uns dafür entscheiden, ein Herzensbotschafter für die Welt zu sein.

Nun komm mit und lass dir zeigen, was es mit der Dualseelenliebe auf sich hat. Komm an meine Hand, fühle dich geliebt und beginne zu lieben.

Deine Zora

Was sind Dualseelen?

Du bist bestimmt neugierig und hast viele Fragen zum Thema Dualseelen.

- Ist eine Dualseele in einem Menschen zu finden?
- Habe ich auch eine Dualseele?
- Hat jeder eine?
- Bin ich vielleicht auch eine Dualseele für irgendjemanden?
- Oder weilen Dualseelen nur im Himmel?
- Sind Dualseelen dasselbe wie Zwillingsseelen und Seelenpartner?
- Ergänzen sich Dualseelen?
- Welche sind ihre Aufgaben hier auf der Erde?
- Können Dualseelen, wenn sie zusammen leben, eine besondere Beziehung führen?

Das Thema Dualseelen ist tief im menschlichen Bewusstsein verankert. In allen Kulturen und Zeiten, einfach überall auf der Welt, gibt es mündliche Überlieferungen, Erzählungen, Mythen, Märchen oder Sagen, die das Thema der unsterblichen Liebe aufgreifen. Der Begriff der Dualseele fällt dabei nicht, aber die Erzählungen sind so beschrieben, dass es aus heutiger Sicht klar ist, dass eine der innigsten, tiefsten und erfüllendsten Beziehungen damit gemeint ist: die Verbindung von zwei Menschen, die Dualseelen sind.

Die Menschheit kennt unendlich viele Geschichten über Dual- oder Zwillingsseelen, wie sie auch genannt werden. Der Begriff Dualseele und Zwillingsseele oder Zwillingsflamme kann synonym gebraucht werden. In den Geschichten über Dualseelen spiegelt sich immer dasselbe wider: die tiefe Liebe zu einem Menschen, der so ist wie wir selbst.

Doch ist das schon die Erklärung für Dualseelen?

Nein, denn es kann auch ein geliebter Seelenpartner sein, mit dem eine erfüllende Beziehung gelebt werden kann.

Was sind denn nun Dualseelen?

Dualseelen sind zwei Seelenaspekte einer ganzen Seele. Beide Seelenaspekte bilden für sich eine Einheit und sind doch Teil einer größeren Seeleneinheit. Und diese ist wiederum Teil der göttlichen Gesamteinheit, des göttlichen Bewusstseins. Die beiden Seelenaspekte sind der kleinste Teil vom Großen Ganzen.

Wenn du dir das in Ruhe vorstellst, gibt es nur eine wirklich sinnvolle Schlussfolgerung: Alles ist identisch auf der Seelenebene des göttlichen Bewusstseins.

Du kennst doch sicherlich die russischen Holzpuppen. Öffnest du die große Puppe, findest du in ihr eine identische kleinere Puppe, die sich ebenfalls öffnen lässt, um wieder eine identische kleinere Puppe zu offenbaren. Manchmal findest du drei, vier oder fünf solcher Puppen ineinander. Sie sind alle gleich, nur werden sie immer kleiner.

Auf der Seelenebene des göttlichen Bewusstseins ist alles identisch. Alles ist Teil des Gottesbewusstseins. In der irdischen, materiellen, grobstofflichen Welt ist nichts identisch. Das Gegenteil ist der Fall: Alles ist einzigartig. Es gibt individuelle Menschen, individuelle Natur, individuelle Gegenstände, individuelle Planeten usw. Und es gibt dich! Auch dich gibt es nur ein einziges Mal auf der Welt, mit diesem Körper, dieser Genetik, diesem Aussehen, diesen Lebenserfahrungen.

Was bedeutet das für eine Dualseele?

Nun, eine Dualseele ist der kleinste Seelenaspekt einer feinstofflichen Seele aus dem Gottesbewusstsein, die in zwei verschiedenen, individuellen, einzigartigen, grobstofflichen Körpern existiert.

Dualseelen kommen idealerweise paarweise vor. Das heißt, du selbst bist dieser Seelenaspekt und jemand anderer auch. Zusammen bildet ihr das Dualseelenpaar. Die Dualseele ist also ein Teil von dir.

Die große Frage ist natürlich: Wer ist meine Dualseele? Wenn ich eine Dualseele bin, wer ist dann der andere Teil? In welchem Körper steckt er bloß?

Diese Frage ist es, die den Menschen keine Ruhe lässt. Denn da ist diese tiefe, allumfassende, absolute Sehnsucht nach der anderen Hälfte, so, als ob man einst in zwei Hälften gerissen worden wäre und nun Zeit seines Lebens nach der anderen Hälfte sucht.

Du kennst diese Sehnsucht auch, wenn du dieses Buch in den Händen hältst. Du möchtest wissen, wer deine Dualseele ist, wo sie sich aufhält, wie du sie kennenlernen kannst und wie es dir möglich sein wird, die tiefe Sehnsucht nach der Einheit mit deiner Dualseele zu stillen.

Es gibt viele Behauptungen, um diese Sehnsucht nach der zweiten Hälfte zu erklären. Im Grunde wird sie als die Sehnsucht nach Gott verstanden. Der Mensch sehnt sich nach Vereinigung mit dem Göttlichen. Er möchte „nach Hause", zurück in die Einheit Gottes.

Doch das augenblickliche Gefühl ist anders. Du erfährst dich als getrennt von Gott. Und nicht nur das: Du fühlst dich abgetrennt von allem. Wie ein Beobachter erfährst du dein Dasein. Jeder ist für sich alleine. Alle Menschen kennen dieses Gefühl nur zu gut. Es gehört zum menschlichen Dasein, sich getrennt von allen anderen zu erfahren. Das Gefühl lässt nur selten Verschmelzung und Einheit zu, sondern es sagt: Hier bin ich. Und dort bist du. Wir haben nichts miteinander zu tun.

Wenn du dir die gesamte göttliche Schöpfung als einen großen wogenden Ozean vorstellst, stellt jedes Dasein einen winzigen Tropfen dieses Ozeans dar. Jeder ist ein Teil des Ganzen, und doch existiert jeder Tropfen für sich allein, wie bei den russischen Holzpuppen.

Das ganze Dasein, die ganze Schöpfung, alles und jeder ist ein Teil des göttlichen Ozeans. Doch es fühlt sich nicht so an. Nur, wie kann man dieses Gefühl überwinden? Wie ist es möglich, sich wieder als Ganzes zu erfahren?

Nur die Liebe schenkt das Gefühl der Einheit. Sie ist der Weg, der die Verbundenheit spür- und erlebbar macht. Für dich heißt das, dich um die Liebe zu kümmern, indem du zu allem in Beziehung gehst, was von dir getrennt erscheint. Sobald du eine innere Verbundenheit aufbaust (und das geschieht über das Lieben), verschwimmen die vermeintlichen Grenzen, und das Erlebnis der Einheit wird spürbar. Du kannst dich in Verbindung mit allem und jedem spüren.

Die Dualseele zu lieben ist der einfachste und wundervollste Weg zu sich selbst und zur gesamten Schöpfung, weil ihr die kleinsten Teile vom Großen Ganzen seid. Das Große Ganze, das göttliche Bewusstsein, ist so abstrakt, dass es Sinn macht, im Kleinen anzufangen. Und das ist die Liebe zur Dualseele, die durch die Sehnsucht geschürt wird.

Doch es gibt noch eine Frage, die den Menschen immer wieder bewegt: Warum gibt es überhaupt Dualseelen? Musste sich die Seele denn in zwei Seelenaspekte aufteilen? War es nicht möglich, eine einzige Seele zu bleiben? Wenn man schon als Tropfen vom Ganzen getrennt wird, um sich selbst zu erfahren und im Leben zu bewähren, warum noch den Umweg über die Dualseele?

Es ist ganz einfach und hängt mit der dualen Welt des Irdischen zusammen. Es ist die Welt mit ihren verschiedenen Dimensionen und ihren räumlichen und zeitlichen Begrenzungen, die der Mensch mit seinem Bewusstsein wahrnimmt. Zur dualen Welt gehört alles, was paarweise oder als Gegensatzpaar auftritt, wie zum Beispiel Männlich und Weiblich, Hell und Dunkel oder Groß und Klein.

Die Seele selbst entspricht dem Prinzip der Dualität und zeigt sich als Paar. Dieses Auftreten als Paar, als Seelenpaar, spiegelt noch einmal die gesamte irdisch erfahrbare duale Welt des menschlichen Bewusstseins. Die Dualität wird auf allen Ebenen komplett erfahrbar, auch auf der Seelenebene. Das bedeutet, dass schon die feinstoffliche Ebene diese Dualität erfährt. Denn schon „im Himmel“ gibt es die beiden Seelenaspekte, die dann in zwei verschiedenen Körpern auf die Erde inkarnieren. Und manchmal nimmt nur ein Seelenaspekt das „irdische Kleid“ an und wechselt in die Grobstofflichkeit als Mensch. Der andere Seelenaspekt bleibt in der geistig-seelischen Welt der Feinstofflichkeit, inkarniert vielleicht später, oder wartet auf den anderen Seelenaspekt, bis das menschliche Leben beendet ist.

Die Liebe zur Dualseele wiederum wird die Erinnerung an die Einheit wachhalten. Das ist nötig für das Leben auf der Erde im menschlichen Körper.

Die Dualseele zu lieben wird die Brücke zum göttlichen Bewusstsein und zur ganzen Schöpfung bauen, es wird das Paradies vorwegnehmen, sodass sich das Göttliche immer wieder auch im dualen Leben offenbart. Ein Vorgeschmack auf die gefühlte und körperlich erfahrbare Einheit ist möglich. Und damit auch eine Möglichkeit, im Lieben erleuchtet zu werden und pure Freude zu erleben.

Stell es dir vor wie ein Geschenk! Du liebst deine Dualseele und fühlst die Einheit mit ihr. Und somit auch die Einheit mit Gott, mit dir selbst und mit Allem-was-ist. Das ist ein allumfassendes Erlebnis von Verschmelzung, von Einheit, von Ganzheit. Nicht nur theoretisch, sondern spürbar. Du spürst es auf der irdischen, körperlichen Ebene. Du fühlst es mit Haut und Haaren, sodass es zu einer realen Erfahrung wird.

Das ist so großartig, so himmlisch, dass es dich tief

berührt und verändert. Im Lieben kannst du wachsen. Im Lieben von allem und jedem kannst du deiner Seele Entwicklung schenken. In der Selbstliebe findest du dich selbst und deine einzigartige menschliche Stärke. Im Lieben deiner Dualseele kann deine Seele mühelos reifen. Deine Dualseele zu lieben ist der einfachste und schönste Weg zur Reife. Du brauchst nicht mehr nur das Leid als Erfahrung, um innere Reife zu erlangen. Dies kann über die Verschmelzung mit der Dualseele und das Gefühl der Freude und Erfüllung, das damit verbunden ist, geschehen.

Du kannst jeden und alles lieben. Im Lieben erfährst du immer Wachstum. Aber liebst du deine Dualseele, liebst du deine eigene Seele, dein Gegenüber in seiner menschlichen Erscheinung. Und du liebst Gott in dir, in deiner Dualseele und in allem und jedem.

Es fühlt sich dann an, als ob du in pure Glückseligkeit eintauchst. Fast wird es dir vorkommen, als ob du vor lauter Glück und Erfüllung platzen würdest. Du erlebst die Fülle, die komplette Fülle des Daseins.

Bist du bereit für diese Erfahrung?

Es wird dir nichts geschehen, was dich durcheinanderbringt, sondern dein Leben bereichern und hin zur Glückseligkeit transformieren. Das Paradies ist nicht jenseits von dir oder in einem anderen Leben erfahrbar. Es ist JETZT. Ganz und gar. In diesem Augenblick in deiner Bewusstheit als Liebender/als Liebende.

Bist du schon gespannt, wie du das Paradies erfahren kannst und wie es dein Leben bestimmt und dir Fülle schenkt?

Alles ist schon in dir. Entfalte es, indem du liebst. Ich nehme dich an die Hand und zeige dir den Weg ins Paradies. Komm und folge mir.

☆☆☆

Ja, ich bin bereit für das große Abenteuer der Liebe,
das in mir stattfindet, in meiner Seele,
die auch deine Seele ist.
Ich erhebe mich aus den Geflechten der Erwartungen
und der Beziehungsdramen und trete einen Schritt
zurück, um Gottes Liebe in mir wirken zu lassen.
In mir.
In dir.
Wir sind vereint.
So, wie es immer war, ist und sein wird.
So, wie es in der grenzenlosen Unendlichkeit, jenseits
von Raum und Zeit, ist.
Es ist alles eins.
Und so ist es.
Ich bin.
Ich bin ich.
Ich bin ich – in dir, in mir.
Ich bin ich – in dir, in mir, in Gott.

Die Entstehung der Dualseelen

Des Menschen Gabe ist die kreative Schöpferkraft. Sie ist das göttliche Potenzial, das jeder in sich trägt. Und so kommt die schöpferische Kraft zum Fließen, wenn es um die Entstehung der Dualseelen geht. Denn alles ist möglich.

Alles fließt aus dem göttlichen Prinzip, aus der Idee der gesamten Schöpfung. So auch die Idee der Dualseelen – aus dem geistigen göttlichen Bewusstsein heraus und hinein ins feinstoffliche Seelengefüge, bis hin zur Grobstofflichkeit der menschlichen Persönlichkeiten. Also hin von den Dualseelenhälften bis zu den beiden Personen, die die Dualseelen verkörpern.

Wie entstehen die Dualseelen?

Im Traum. Gott träumt.

Gottes Traum ist die Idee des Universums in der Unendlichkeit.

Gottes Traum ist alles. Die gesamte Schöpfung in Liebe, ausgedrückt in Licht und Klang, in Bewegung und Wort und im gesamten Atem Gottes enthalten. Das ist die traumhafte Idee der Dualseelen als ein Teil der geträumten, erdachten Schöpfung.

Die Geschichten, die ins menschliche Bewusstsein vordringen, erzählen von einem einzigen Seelenfunken aus Gottes Geist, der in zwei Hälften geteilt wird.

Du kannst dir vorstellen, dass ihr ein einziges Licht wart am Anfang der Zeit, als der Geist Gottes noch reines Bewusstsein war und keinerlei Materie existierte, aber die

Idee der Materie schon vorhanden war, damit Gott sich selbst erfahren konnte. Und Gott erträumte die Schöpfung.

Dieses Licht wurde in zwei Hälften geteilt, versehen mit den Zeichen der Dualität. Getrennt in einen positiven und einen negativen Teil (dies ist nicht wertend gemeint, sondern drückt nur die Polarität aus). Danach erfolgte die Verdichtung vom Feinstofflichen zum Grobstofflichen. Die irdische Körperlichkeit entstand, sodass beide Dualseelenteile in unterschiedlichen Körpern zu finden sind und entsprechend unterschiedliche menschliche Erfahrungen machen, da jeder Körper eine eigene Persönlichkeit besitzt.

Auch in der Bibel sind Dualseelengeschichten zu finden. Schon die Schöpfungsgeschichte, in der Eva aus der Rippe Adams entsteht, ist eine solche Geschichte (der eine Partner ist Teil des anderen). Selbst die Literatur ist voller Dualseelengeschichten. Es sind Geschichten von den unsterblich Liebenden, wie zum Beispiel Romeo und Julia oder Tristan und Isolde.

Alle diese Dualseelen-Schöpfungsgeschichten sind Gedankenspiele des Bewusstseins, geboren aus der Sehnsucht nach Einheit. Die Existenz von Dualseelen ist ebenso ein Gedankenspiel des Bewusstseins. So, wie alles, was mit menschlichen Sinnen erlebt werden kann, reines Bewusstsein ist, verankert in den Bedingungen der dualen Welt. Alles ist Gottes Traum.

Das gesamte Universum, das lineare Zeitempfinden des Menschen (dass die Zeit vergeht und voranschreitet), die Bewegung im Raum, die verschiedenen Inkarnationen und die Idee der Dualseelen sind nichts weiter als Möglichkeiten des Bewusstseins, sich selbst zu erfahren. Ja, Gott träumt die Dualseelen, so, wie er alles träumt.

Das klingt kompliziert und sehr komplex.

Wie bitte? Soll das heißen, dass es gar keine Zeit gibt, sondern alles gleichzeitig stattfindet? Und dass das ganze Universum, die gesamte Schöpfung und der Mensch obendrein nichts weiter als eine Bewusstseinsidee sind? Gottes Traum? Wie kann man das verstehen?

Beweisen im naturwissenschaftlichen Sinn kann man sowieso nichts. Die Wahrheit ist so viel größer, als es das menschliche Verständnis zulässt. Das göttliche Geheimnis des Daseins ist so allumfassend und grenzenlos, dass es nicht erklärt werden kann. Deshalb ist es einfach schön zu wissen, dass alles von Gott geträumt wird und du als Mensch eine Rolle in diesem Traum spielst.

Du bist wichtig! Du bist ein Teil des Traums! Folge deshalb den Träumen und der Sehnsucht deiner Seele. Gottes Traum ist auch dein Traum. Gottes Wille ist auch dein Wille im Gefüge des Traums.

Als Wegweiser durch das Leben dienen dir einzig deine Sehnsucht, deine Träume und die Ahnung, dass da mehr ist als du begreifen und erklären kannst.

Es ist die Sehnsucht nach der zweiten Hälfte, dieses tiefe, tiefe Wissen, dass die eigene Seele in zwei Hälften existiert, das auf deinem Weg zur Dualseele richtungsweisend ist.

Frage dich, wie deine eigene Seelenentstehung ausgesehen haben kann. Was stellst du dir vor? Wie könnte es gewesen sein? Wie ist deine göttliche Seele entstanden, und wie hat sie sich in die beiden Hälften geteilt?

Wenn du möchtest, schreibe dir deine ganz persönliche Dualseelen-Entstehungsgeschichte auf. Beginne zu träumen. Erträume dir dein Leben und lebe deine Träume.

Die folgende Meditation möchte dich zurück an den Ursprung deiner Seelen-Existenz bringen.

☆☆☆

Die Entstehung der Dualseelen

Mache es dir bequem, schließe die Augen und atme einige Male tief ein und aus. Spüre dem fließenden Atem nach, der dich ruhiger werden lässt. Du lässt deinen Alltag los. Nichts ist mehr wichtig. Nur die tiefe, innere Ruhe, die als steter Atemfluss durch dich gleitet.

Stell dir vor, wie du durch Raum und Zeit schwebst, ohne Körper, schwerelos und umgeben von einem Meer unendlichen Bewusstseins. Dieses Meer ist das göttliche Bewusstsein, die Energie, aus der alles entstanden ist. Du bist reines Sein. Es fühlt sich frei und grenzenlos an. Atme noch einmal tief aus und ein. Du bist frei und grenzenlos, fliegendes, schwebendes Sein, unendliche, ewige Energie, reines Bewusstsein. Das bist du, und es ist zugleich Gott.

Stell dir nun vor, wie dieses reine Bewusstsein, das alles ist, sich selbst erfahren will. Eine Idee wird geboren, eine Intention, eine schöpferische Absicht.

Aus dieser Absicht heraus wirst du als Seele abgespalten. Du bist ein Bewusstseinstropfen. Nimm nun den Raum zwischen dir und all den Bewusstseinstropfen wahr. Du bist immer noch göttliches Bewusstsein, aber nun als einzelner Tropfen existent. Um die duale Welt im Feinstofflichen zu erfahren, wirst du als Tropfen noch einmal geteilt. Es gibt nun zwei Hälften von dir: dich und deine Dualseele.

Atme noch einige Male tief ein und aus. Spüre in das göttliche Bewusstsein deines Seins. Alles ist mit allem verbunden. Alles entstammt einer einzigen Bewusstseinsquelle. Du bist ein Teil davon. Und ein Teil von dir ist deine Dualseele. Ihr existiert. Es gibt euch in alle Ewigkeit, bis ihr wieder zurückkehrt in die göttliche Bewusstseinsquelle.

Wenn du möchtest, stell dir nun vor, wie du dich entschließt, vom Feinstofflichen zum Grobstofflichen zu wechseln und einen menschlichen Körper anzunehmen. Deine Dualseele kann dies genauso tun, oder sie verbleibt als Seelenteil im Feinstofflichen. Ihr seid getrennt, und doch seid ihr im Ursprung eins. Ihr seid eine Seele und ein göttliches Bewusstsein.

Atme diese Erkenntnis tief in dich hinein. Dann kehre wieder zurück ins Hier und Jetzt. Erwache, bewege dich, atme und erinnere dich an das Gefühl der Einheit und der Teilung. Du bist alles: das eine und das andere, die Einheit und die Trennung, das Licht und die Liebe.

Das Zeitalter der Dualseelen

Das duale Erleben prägt das menschliche Leben. Dazu gehört auch, dass du die Zeit als linear betrachtest. Du erlebst sie linear und bist Teil von Vergangenheit, Gegenwart und Zukunft. Dass es keine lineare Zeitdimension und auch keine Ausbreitung im Raum gibt, sondern alles gleichzeitig stattfindet und eins ist (ja, auch die Zeit ist eins), gilt im irdischen Leben nicht. Das ist das wirklich Paradoxe: Alles ist eins und existiert gleichzeitig. Es gibt nur diesen Moment. Aber du erlebst es als Mensch linear, also getrennt. Du erlebst die Bewegung im Raum bezüglich der Zeit, die vergeht, damit du dich im Raum bewegen kannst. Immer schön eins nach dem anderen und alles separat, getrennt voneinander. So erlebst du das Vergehen von Zeit, das Durchschreiten der Lebensräume, das Geborenwerden und Sterben, das Wiedergeborenwerden und die damit verbundenen karmischen Verknüpfungen von Inkarnation zu Inkarnation. Du erlebst die Veränderung der Schwingungsfrequenzen auf der Erde und die Transformationen im Bewusstsein der gesamten Menschheit. Und alles geschieht Schritt für Schritt und linear. Doch eigentlich ist alles eins.

Für ein menschliches Gehirn, das nur die Getrenntheit kennt, ist alles andere sehr schwer vorstellbar. Dennoch ist es wichtig zu wissen, um dir immer wieder bewusst zu machen, dass wirklich alles eins ist. Komplett.

Frage nicht, wie es möglich ist, dass das Lineare und das Eine gleichzeitig existieren können. Es gibt keine menschliche Erklärung, die dich zufriedenstellen könnte. Du weißt vielleicht aus der Quantenphysik, dass du wie ein Beobachter sein und über deine Beobachtung die Existenz und Verhaltensweisen von Teilchen und Schwingungen beeinflussen kannst. Erst die Tatsache dass es dich als Beobachter gibt, lässt das Teilchen existieren und setzt die Schwingung in Bewegung. Du erschaffst dies alles mit und gibst ihm Leben. So erschaffst du auch das Bewusstsein für die Existenz deiner Dualseele.

Zurück zur linearen Welt der irdischen Dualität. Im neuen Jahrtausend fing das Zeitalter der Dualseelen an, ins Bewusstsein der Menschheit zu rücken. Bis dahin galt es als schier unmöglich, in diesem Leben bewusst seiner Dualseele zu begegnen. Deine Dualseele und du – ihr geht schon viele Zeitalter miteinander durch die Inkarnationen, so, wie es dein duales Empfinden dir bestätigt, weil du als Mensch nichts anderes erfahren kannst.

Ihr habt euch also immer wieder gesehen, euer Leben miteinander geteilt und euch wieder getrennt. All das geschah von einer Inkarnation zur nächsten. Aber es war euch im linearen Zeitfluss nicht bewusst.

Ihr habt viele Leben gemeinsam verbracht, ohne zu wissen, dass ihr Dualseelen seid. Die Erkenntnis war euch nicht gegeben, denn das Bewusstsein der Menschheit war nicht so ausgerichtet, dass dieses Wissen wichtig gewesen wäre. Das Wissen um die Existenz von Dualseelen war nur wenigen Menschen zugänglich, erreichte aber nie die Massen. Erst das Erwachen des spirituellen Bewusstseins bereitete den Weg für die Erkenntnis der Dualseelen. Im alten Jahrtausend was es kein Thema, über Dualseelen nachzudenken oder zu sprechen. Es interessierte sich auch nur eine winzig kleine Minderheit für das Thema.

Jetzt sieht das völlig anders aus. Im Laufe der letzten Jahre, und vor allem seit Beginn des Jahres 2011, finden und erkennen sich Dualseelen. Das Bewusstsein für die Existenz von Dualseelen und für das Erkennen der persönlichen Dualseele ist erwacht. Zeitplan und Schwingungsfrequenz auf der Erde stimmen überein, sodass diese Entwicklung möglich ist.

Es geschieht auf mühelose Art und Weise und verlangt ein geöffnetes Bewusstsein sowie ein weit offenes Herz voller Liebe und liebender Spiritualität. Die Voraussetzungen sind im Augenblick so günstig wie noch nie, denn die gesamte Menschheit ist auf dem Weg, sich fließender, harmonischer und friedvoll spiritueller Liebe zu öffnen.

Da dieses Buch dich gefunden hat, ist die Tatsache der Dualseelenliebe auch dein Thema. Der Gedanke der Dualseelen geht in Resonanz mit dir, sonst hätte es dich nicht zu diesem Thema hingezogen. Nun hast du die Gewissheit, dass in dir der Funken erwacht ist, dir der Liebe zu deiner Dualseele bewusst zu werden.

Wenn es in deiner Bestimmung liegt, wirst du deine Dualseele in einem Menschen erkennen. Es wird dir zur richtigen Zeit bewusst werden. Du musst dich nicht darum bemühen, es wird einfach geschehen, wenn es sein soll. Und eben zum richtigen Zeitpunkt. Das bedeutet, dass du nichts unternehmen musst, um deine Dualseele aktiv zu suchen oder zu finden. Eure Begegnung wird geschehen, wenn es in eurer Bestimmung liegt. Also hab bitte Geduld!

Es kann sein, dass du schon bestimmte Menschen in der Auswahl hast, die für dich als Dualseele in Frage kommen. Vergiss das ganz schnell wieder! Es bringt nichts, darüber nachzudenken. Das Erkennen wird in dein Bewusstsein rücken, wenn es sein soll. Daran kannst du nichts manipulieren, beschleunigen oder mit Handlungen erzwingen.

Solltest du dich jetzt fragen, ob dein derzeitiger Partner deine Dualseele ist, dann lass diese Frage ebenfalls los. Es kann sein, dass er es ist. Es kann aber genauso gut sein, dass er es nicht ist. Dass du dir überhaupt diese Frage stellst, ist ein Zeichen dafür, dass es dir im Augenblick (noch) nicht bewusst ist, sonst wüsstest du es. Absolut und felsenfest! Ohne Zweifel, ohne Fragen.

Wenn der richtige Zeitpunkt gekommen ist, wird es dir bewusst sein. Und zwar so, dass es völlig klar ist. Es wird keine Fragen mehr geben.

Einfacher geht es nicht. Du kannst dich also gemütlich zurücklehnen und dein Leben genießen, ihm Gestalt geben und zu deinem eigenen sowie zum Wohl aller handeln. Wähle einen bewussten, liebevollen Weg in deinem Leben. Sei dankbar, dass es dich gibt. Sende Herzensliebe aus, hab Vertrauen und die Gewissheit, dass alles seinen richtigen Lauf nimmt. Vor allem sei dir bewusst, dass göttliches Licht in dir wirkt. Bringe dieses Licht, diese Leuchtkraft, in dein ganzes Leben.

Weil immer mehr Menschen in dieser göttlich inspirierten Bewusstheit leben, erkennen sich immer mehr Dualseelen. Eine besonders schöne Welle des Erkennens hat begonnen.

☆☆☆

Ich vertraue meiner Bestimmung.
Alles ist richtig so, wie es geschieht.
Das ist meine Gewissheit.
Das ist mein Bewusstsein.
Deshalb genieße ich mein Leben.
Jeden Augenblick fülle ich mit Freude und Liebe.
Ich bin ein Liebender/eine Liebende.
In mir wirkt das göttliche Licht, der Wille Gottes.
In mir wirkt die Liebe Gottes,
sodass ich unendlich geliebt werde
und unendlich liebe.
Ich lebe meine Bestimmung.

Dualseelenliebe und Dualseelenheilenergie

Werde dir dessen bewusst, dass es in diesem Leben ausreichend ist, deine Dualseele zu lieben und mit ihr energetisch im Geistig-Seelischen die Dualseelenheilenergie zu entfalten. Es ist nicht notwendig, dass du weißt, wer deine Dualseele ist. Auch wenn du sie nicht erkennst, ist sie existent. Gemeinsam mit ihr kannst du auf der Seelenebene Heilenergie zum Wirken bringen.

Du musst dir nur bewusst machen, dass du eine Dualseele hast und ihr in ewiger Liebe und Einheit verbunden seid. Weil ihr ja sowieso eins seid, von Anbeginn aller Zeit. Für immer und ewig ist deine Dualseele ein Teil von dir. Du bist sie, und sie ist du. Wer auch immer sie ist, also welcher menschliche Körper zu ihr gehört, und wo auch immer sie ist – sie ist pures Sein, wie du auch.

Jederzeit ist es dir möglich, deine Dualseele zu lieben. Sie zu lieben wird in dir himmlische Freuden entfachen, wenn du bereit bist, den Wunsch nach Erkennen loszulassen.

Sobald du unbedingt wissen willst, wer im Irdischen deine Dualseele ist und dir konkrete Vorstellungen von ihr machst, wie sie zu sein hat und was ihr miteinander erleben sollt, verhinderst du deine eigene Freude darüber, dass ihr in Liebe verbunden seid.

Menschen neigen dazu, Pläne zu entwerfen, Wünsche zu hegen, Ziele anzugehen und sich konkrete Vorstellungen vom Leben und der Zukunft zu machen. Sie haben Erwartungen, Wunschvorstellungen, Sehnsüchte.

Vor allem sehnen sie sich nach dem wunderbaren Liebespartner, der sie erfüllt und mit dem sie ein herrliches Leben führen.

Bewahre deine Sehnsüchte und Wünsche in deinem Herzen, denn sie sind kostbar und ein Teil von dir, der dich liebenswert und lebendig macht. Doch gib ihnen kein konkretes Gesicht. Du projizierst sonst alle deine Vorstellungen auf eine konkrete Person oder einen Handlungsstrang für dein Leben.

Du stellst dir beispielsweise vor, wie du dem Menschen, der deine Dualseele ist, auf einer Party begegnest, wie ihr euch erblickt und euch wie vom Blitz getroffen fühlt, wenn ihr euch in die Augen schaut. Du siehst diese Szene direkt vor dir und visualisierst eine Story drumherum, wie du es dir wünschst. Vielleicht baust du die Geschichte noch weiter aus: Ihr kommt zusammen, berührt euch, liebt euch körperlich, nehmt ein wunderbares Projekt in Angriff zum Wohl aller, rettet die Menschheit mit eurer ewigen, erfüllenden, strahlenden Liebe, lebt glücklich bis an euer Lebensende, verschmelzt miteinander und werdet im Himmel wieder vollkommen eins.

Es ist eine wunderbare Geschichte. Bitte lass sie so sein, wie sie ist: eine Geschichte. Beurteile sie nicht, halte nicht an ihr fest, klammere dich nicht an sie.

Lass alle Vorstellungen von dir und deiner Dualseele los. Lass die Vorstellungen, die dein Gehirn produziert, kommen und gehen. Sie sind da. Sie gehören zu dir. Lass sie da sein und schenke ihnen keine bevorzugte Aufmerksamkeit. Stattdessen begib dich in das Gefühl der Freude zu wissen, dass es dich und deine Dualseele gibt und du sie lieben kannst.

Fokussiere dich mit all deiner Aufmerksamkeit und Sehnsucht auf das Lieben. Werde zu einem Liebenden, einer Liebenden.

Du liebst! Nur das ist wichtig! Dass du liebst. Du liebst mit all deiner Herzenskraft, mit all deiner Hingabe, mit all deinem Sein.

In dir entsteht Liebe. Du bist Liebe. Es geht um dich, nur um dich, nicht um die Projektion einer Wunschvorstellung.

Es kann schwierig sein, alle Wünsche und Sehnsüchte so stehen zu lassen. Du wirst vielleicht sagen, dass du dich doch so sehr nach deiner Dualseele und einem himmlischen Leben mit ihr sehnst. Und du weißt um die Kraft der Manifestation. Du willst, dass deine Wünsche Wirklichkeit werden, ihnen Gestalt geben, sie in dein konkretes Leben holen. So, wie es das göttliche Bewusstsein getan hat, als alles entstand. Da war eine Idee, dann ein Wille und dann die Manifestation durch die schöpferische Kraft mit Hilfe der Liebe. Die Liebe ist die schöpferische Kraft in Aktion.

Auch du möchtest schöpferisch sein, deine tiefsten Sehnsüchte erfüllt haben. Du möchtest dir deine Wünsche erfüllen, und dein Wunsch ist die Vereinigung mit der Dualseele im Irdischen, ein gemeinsames Leben in Liebe zu führen.

Das ist in Ordnung, weil es zu dir als Mensch gehört, so zu empfinden.

Gib dich dem Leben hin, in der Gewissheit, dass sich deine Bestimmung erfüllen wird. Gib dich hin in das ursprüngliche Gefühl: ins göttliche Bewusstsein. Dann lass die schöpferische Kraft der Liebe in Aktion treten. Liebe!

Ja, liebe! Sende Liebe aus! Reine Liebe – ohne Erwartungen, Sehnsüchte, Vorstellungen.

Sei dir gewiss, dass es nicht in deiner Macht liegt, andere Menschen oder Seelen mit Hilfe deiner Wünsche und Sehnsüchte zu beeinflussen. Vertraue darauf, dass sich deine Bestimmung erfüllen wird, denn Gott träumt deine Bestimmung. Es ist Gottes Wille, dir im Irdischen zu deiner Bestimmung zu verhelfen.

Vertraue darauf, dass du dich jederzeit auf der geistig-seelischen Ebene mit deiner Dualseele vereinen kannst.

Um mit deiner Dualseele in Resonanz zu gehen, sende Liebe aus. Werde selbst zur Liebe in der Christuskraft. Die Christuskraft ist die dienende, selbstlose, bedingungslose Liebe. Sie beinhaltet die Selbstliebe und die Nächstenliebe und ist gleichzeitig die schöpferische, kreative Kraft zur Erschaffung und Gestaltung der dualen Welt.

Es ist normal, dass du Sehnsucht verspürst und Wünsche in Bezug auf Partnerschaft, Beziehungen und ein glückliches, erfülltes und sinnvolles Leben in dir trägst.

Sobald du zur liebenden Person wirst, wirkt die Liebe in dir, wird zur allumfassenden Christuskraft und lässt dich strahlen. Du wirst so sehr strahlen, dass du anziehend wie ein Magnet wirkst. Die Menschen werden dich finden. Und wenn es in eurer Bestimmung für dieses Leben liegt, wird dich auch deine Dualseele finden, weil sie die Resonanz spürt. Deine Dualseele wird als Mensch auf deine liebende Strahlkraft reagieren und den Ruf in ihrem Herzen und ihrer Seele spüren. Ihr werdet euch begegnen. Wann immer und wie es geschieht, wirst du nicht erfahren. Der Weg ist göttlich geführt.

Stell dir dies vor wie eine sich selbst erfüllende Prophezeiung. Je mehr du in der Lage bist, bedingungslos zu lieben, desto größer ist die Wahrscheinlichkeit, dass es dir in diesem Leben bestimmt ist, deiner Dualseele als Mensch zu begegnen.

☆☆☆

Ich vertraue darauf, dass du, geliebte Dualseele,
zu mir gehörst.
Ich liebe dich, ohne zu wissen, welcher Mensch du bist.
Ich liebe dich, weil ich weiß, dass es dich gibt.
Du existierst, weil auch ich existiere.
Ohne mich gibt es dich nicht.
Ohne dich gibt es mich nicht.
Wir sind eins für immer.

Die Sehnsucht nach der Dualseele

Jeder Mensch hat eine Dualseele. Es gibt niemanden ohne, weil wir alle auf demselben Weg der Schöpfung gegangen sind. Ausschlaggebend ist allerdings, wie sehr du dir der Existenz der Dualseele bewusst bist.

Wenn du das tiefe Wissen in dir spürst, dass es deine Dualseele gibt, dann lass es weiterhin in dir wirken. Verschließe dich auch nicht der Sehnsucht. Die Sehnsucht, eins mit deiner Dualseele zu sein, ist natürlich. Es ist die Sehnsucht nach kompletter Einheit, nach Einheit mit dir selbst, mit deiner Dualseele, mit der gesamten Schöpfung und mit Gott.

Sehnsucht kann auf verschiedene Weise erfahren werden: schmerzhaft oder freudig.

Schmerzhafte Sehnsucht schwächt dich auf Dauer. Aber kein Mensch kann sich ihr immer verschließen. Es wird Stunden, Tage, manchmal sogar Wochen oder gar Monate geben, in denen es dir vor Sehnsucht beinahe das Herz zerreißt. Auch dein Körper reagiert auf die schmerzhafte Sehnsucht. Dein Herz spürt es, es gleitet wie ein Ziehen und Klagen durch alle deine Körperzellen und Organe. Es fühlt sich an wie ein Gummiband, das bis aufs Äußerste gespannt wird. Vielleicht reißt und zerrt es an dir. Dein Magen bekommt es zu spüren, deine Nerven flattern, dein Atem stockt und wird flach. Du könntest schluchzen und weinen und fühlst dich schwer und traurig an.

Freudige Sehnsucht fühlt sich an wie frisch verliebt: In dir tanzen Schmetterlinge, du fühlst dich leicht und frei, euphorisch und erhaben, vitalisiert und erregt, aufgeregt und pulsierend. Vielleicht spürst du Ströme von Energie durch deinen ganzen Körper. Es wird kribbeln und vibrieren und sich eventuell in ein völlig ekstatisches Gefühl verwandeln, eben pure Freude.

Die freudige Sehnsucht motiviert und beflügelt dich. Du spürst kreative Schübe und fühlst dich körperlich verjüngt und belebt. Es kann sogar sein, dass du vor lauter Glücksseligkeit laut jubelst und freudige Laute von dir gibst. Überschäumend prickelnd wird sich diese Sehnsucht anfühlen.

Beide Formen der Sehnsucht kommen und gehen. Lass es geschehen und verdränge nichts. Die Sehnsucht nach Einheit ist völlig normal. Du weißt, dass du in Wirklichkeit mit jedem und allem eins bist, aber du erlebst und erfährst es anders, eben weil du diese Erfahrung der Abgetrenntheit und der beiden Sehnsuchtsformen erleben willst.

Nutze die freudige Sehnsucht, um deine schöpferische Kraft zur Entfaltung zu bringen. Während der freudigen Sehnsucht wirst du viel Kraft haben, dein Potenzial der Welt zur Verfügung zu stellen. Wenn du dich also nach deiner Dualseele auf freudige Art und Weise sehnst, ist dies ein Hinweis darauf, dass du nun bereit bist, dich mit ihr auf geistig-seelischer Ebene zu vereinen. Tue es. Wie, wirst in diesem Buch lernen, auch wie du daraus Heilkraft für das ganze Universum entstehen lassen kannst.

Ich lebe in der Sehnsucht nach dir und mir.
Ich lebe in der Sehnsucht nach Gott und der Einheit.
Freudige Sehnsucht ist meine
schöpferische Quelle der Kraft.
Freudige Sehnsucht ist mein Hinweis,
dass ich bereit bin für die Erfahrung der Einheit
im menschlichen Sein.
Ich sehne mich, also bin ich.
Und während ich mich sehne, erfüllt sich in mir
Gottes Wille, Gottes Traum.
In Freude.
In Liebe.
Ich bin Gottes Traum in Vollendung in dir,
geliebte Dualseele, und in mir selbst.
Deshalb folge ich der Sehnsucht meiner Seele.
Ich folge meinen Träumen und somit auch
Gottes Traum im lebendigen Fluss
der göttlichen Einheit von Allem-was-ist.

Das Erkennen der Dualseele

Du kannst deiner Sehnsucht nach Einheit freien Lauf lassen und dein Leben weiterhin genießen.

Genieße es! Erfülle deine Aufgaben! Folge den Träumen deines Herzens und der Sehnsucht deiner Seele. Lass dich führen.

Werde zu einem Liebenden, strahle Liebe für die gesamte Menschheit, Schöpfung und für deine Dualseele aus. Auf der geistig-seelischen Ebene kannst du den Akt der Verschmelzung jederzeit erleben, auch wenn du nicht weißt, wer deine Dualseele ist. Wenn es in deiner Bestimmung liegt, wird dir deine Dualseele so begegnen, dass du sie erkennst.

Dieses Erkennen wird einfach geschehen. Du kannst es nicht herbeiführen oder forcieren. Wenn es so weit ist, wird es sich dir zeigen. Versuche nicht, es herbeizumeditieren, herbeizubeten oder herbeizuträumen. Es gibt keinerlei Techniken für das Erkennen. Es wird geschehen, wenn es sein soll. Vertraue darauf und kümmere dich nicht mehr darum.

Gott träumt dich. Sein Wille geschieht in dir und durch dich! Vertraue auf Gottes Willen und begreife, dass alles gut ist so, wie es ist. Es liegt in deiner Bestimmung.

Du wirst es wissen. Einfach so. Ganz ohne Erklärung wird dir „ein Licht aufgehen“.

Ja, so ist es, wirst du überzeugt sein. Ein Gefühl der absoluten Freude wird kommen. Es ist felsenfest klar. Absolut. Ohne Zweifel. Vertraue darauf, dass du es kannst.

Du weißt plötzlich, dass dieser andere Mensch deine Dualseele ist. Egal, was vorher war, ob dir dieser Mensch als Fremder begegnet oder ein Vertrauter ist – du erkennst in ihm deine Dualseele.

Selbst wenn du mit ihm schon lange zu tun hattest und ihn bisher nicht als Dualseele erkannt hast. Wenn es in deiner Bestimmung liegt, kommt der richtige Zeitpunkt für dich: Du weißt es.

Es geschieht wirklich plötzlich, und du weißt: Der oder die ist es! Und niemand sonst. Es ist, als ob du in einen Spiegel schaust.

Es kann zwar sein, dass du es nicht gleich glauben kannst, doch die Gewissheit in dir wird sich gut anfühlen. Eventuell wirst du dir Bestätigungen wünschen, dass du mit deiner Gewissheit richtig liegst.

Und diese Bestätigungen werden kommen!

Innerhalb von Tagen oder Wochen wird sich deine Gewissheit noch mehr festigen. Du wirst untrügliche Zeichen erhalten, die dein Wissen bestätigen.

Es wird dir im Traum oder während einer Meditation oder Vision bestätigt. Eine der schönsten Bestätigungen ist die erlebbare Verschmelzung eurer Energien. Zum Beispiel siehst du im Traum oder über innere Bilder und Visionen, wie sich eure Gesichter übereinanderlegen. Dein Gesicht wird im Wechsel zum Gesicht deiner Dualseele. Du wirst also dein Gesicht sehen, das sich verändert und zum Gesicht deiner Dualseele wird, um wieder zu deinem zu werden. So kann das eine Weile hin und her gehen, damit deine Gewissheit bestätigt wird.

Besonders oft kommen diese Zeichen in lebhaften Träumen zu dir, denn im Traum bist du offen für Botschaften, ohne dass dein kritischer Verstand dazwischenfunkt.

Dann werden weitere Zeichen auftreten. Sehr schön ist zum Beispiel das Erscheinen eines bestimmten Krafttiers, wenn die Gedanken zur Dualseele geleitet wurden. Immer wenn du mit deiner Dualseele zu tun hast, wird dieses Tier um dich sein. Meistens sind es Vögel, die plötzlich zu dir fliegen. Besonders ergreifend ist es, wenn die Tiere paarweise auftreten, wie zum Beispiel Tauben, die am Schnäbeln sind. Du denkst an deine Dualseele – und hörst das Gurren der Tauben. Tauben kommen auf deinen Balkon. Tauben treten im U-Bahn-Schacht auf und fliegen nahe an dich heran. Sei offen für diese Zeichen.

Wenn du dich mit deiner Dualseele unterhältst, werden viele Gemeinsamkeiten ans Licht kommen, die beinahe magisch anmuten. Zum Beispiel werdet ihr feststellen, dass ihr eine ähnliche Kindheit hattet, ähnliche Erlebnisse in der Jugend oder im Erwachsenenalter miteinander teilen könnt. Ihr teilt die gleichen Sehnsüchte, habt ähnliche Wünsche und Träume für euer Leben. Gott träumt euch paarweise.

Am meisten wird eure ewige Verbundenheit über die magische Anziehung spürbar sein. Es hat nichts mit Verliebtheit oder Schwärmerei zu tun. Es ist, als ob du in einen Spiegel siehst und dich selbst darin erkennst, wenn du deine Dualseele erblickst.

Du erfährst die pure Freude. Alles in dir freut sich. Es ist ein ekstatisches Gefühl von Verbundenheit, Einheit, Erfüllung und Freude. Freude ist ein besonderes Zeichen! Tritt keine Freude auf, ist es nicht deine Dualseele, sondern ein anderer Seelenpartner, mit dem du eventuell karmisch verbunden bist.

Ekstatische Freude, ohne Erwartungen und Bedingungen, ist die absolute Bestätigung.

Es kann sich auch anfühlen, wie vom Blitz getroffen zu sein, magisch und freudig zugleich. Du fühlst dich wie im Himmel. Himmlische Erfahrungen werden dir zugänglich. Dann immer wieder die Erkenntnis: Er oder sie ist es, gefolgt von der Freude. Dabei ist es gleichgültig, wer der andere ist. Deine Dualseele kann dünn, dick, alt, jung, groß oder klein sein. Weder das Aussehen, noch das Alter, die Hautfarbe, der Beruf, der soziale Status oder die Nationalität spielen eine Rolle.

Nichts ist dann mehr, wie es war.

Deine Dualseele entspricht wahrscheinlich nicht deinem Männer- oder Frauentyp. Das spielt aber keine Rolle, denn Äußerlichkeiten sind völlig irrelevant, unwichtig, und werden dir auch nicht in den Sinn kommen. Und wieder ist da diese große Freude! Du könntest die ganze Welt umarmen!

Es ist gar nicht so selten, einen Menschen schon länger zu kennen und dann plötzlich die Gewissheit zu haben, dass er die Dualseele ist. Ihr seid vielleicht befreundet, habt schon länger gespürt, dass euch irgendetwas Tiefes verbindet, und plötzlich ist es klar. Ja, dann ist nichts mehr, wie es war. Du siehst dich, deine Dualseele in deinem Gegenüber und die ganze Welt mit anderen Augen.

Ebenso ist es möglich, dass deine Dualseele dein jetziger Lebenspartner ist, du ihn aber nie als Dualseele erkannt hast. Es ist jetzt klar, sonnenklar. Völlig klar.

Erkenne diese Klarheit, gepaart mit der Freude, als Zeichen, dass du tatsächlich weißt, wer deine Dualseele ist. Solltest du nur den leisesten Zweifel haben, ist es entweder nicht deine Dualseele, oder du kannst sie noch nicht klar erkennen. Vielleicht bist du auch ein allzu selbstkritischer Mensch und misstraust deinen Empfindungen. In diesem Fall lass los. Widme dich anderen Themen, erfülle deine jetzige Lebensaufgabe und vertraue darauf, dass du deine Dualseele erkennen wirst, wenn es so sein soll, und dass dich dann auch keine Zweifel plagen werden.

Alles ist göttlich geführt, auch das Erkennen der Dualseele. Lass Herz und Seele offen. Sei bereit!

Aber versuche nicht, die Dualseele zu visualisieren oder zu manifestieren!

Das kannst du mit jedem anderen Partner tun, der dein Leben bereichern soll. Du kannst ihn in dein Leben träumen, ihn dir vorstellen, euer Zusammensein vor deinem inneren Auge sehen. Du kannst dir die Eigenschaften wünschen, die er aufweisen soll. Aber die Dualseele zu erkennen kann nicht manifestiert werden!

Liebe deine Dualseele, auch wenn du nicht weißt, wer und wo sie ist, und ob es euch gegeben ist, euch zu erkennen. Alles folgt einem höheren Plan. Dazu gehört auch die Begegnung mit der Dualseele.

Da die Zeit der Dualseelen gekommen ist und sich viele erkennen, kann es sein, dass dieses Geschenk auch dir gegeben ist. Werde zu einem liebenden Menschen. Sei dankbar für dein Leben und setze deine Gaben zum Wohl aller ein. Dann wirst du ein glückliches Leben führen und für Gottes Geschenke bereit sein.

Und was geschieht nun nach dem Erkennen?

Vielleicht willst du gleich mit der Tür ins Haus fallen, dem anderen dein ganzes Herz zu Füßen legen, ihm von deiner Freude und Erkenntnis berichten und eine Beziehung mit ihm aufbauen.

Stopp!

Sei dir bewusst, dass es deine eigene Erkenntnis ist. Nur deine!

Der andere weiß eventuell nichts davon. Nur selten verläuft das Erkennen parallel. Doch für jeden von euch gibt es eine Bestimmung in diesem Leben. Es liegt nicht an dir, in diese einzugreifen.

Freue dich an deiner Erkenntnis. Das ist alles.

Ja, das ist nicht einfach. Aber es ist der einzige, wirklich gangbare Weg.

Wenn es so sein soll, werdet ihr euch beide erkennen, eventuell zeitversetzt, oder aber nie in diesem Leben. Denke immer daran, dass alles sowieso eins ist. Du bist Gottes Traum, jetzt! Raum und Zeit sind Illusionen, die du im Irdischen erlebst. Dein Gefühl sagt dir zwar, dass Raum und Zeit existieren, weil du es als Mensch so erlebst, aber deine Seele weiß um die Einheit mit Allem-was-ist.

Freue dich, deine Dualseele erkannt zu haben. Es ist ein großartiges Geschenk, der Himmel auf Erden, die wundervolle Möglichkeit, Einheit personifiziert zu erleben.

Du bist gesegnet und auserwählt. Sei dankbar und liebe. Alles Weitere findet sich dann.

Nachfolgend die Zeichen, die dir bestätigen, dass du deine Dualseele erkannt hast:

- In dir entsteht absolute Freude bei der Erkenntnis, dass der andere deine Dualseele ist. Dieses himmlische Gefühl tritt bei jeder Begegnung auf.
- Du liebst deine Dualseele bedingungslos. Da ist kein „Haben-Wollen" mit im Spiel oder das Gefühl, dass der andere dir gehört. Du freust dich für deine Dualseele, dass sie glücklich ist.
- Es geht nicht um dein eigenes Glück. Du bist glücklich, wenn der Mensch, der deine Dualseele ist, glücklich ist.
- Du erlebst im Traum oder in lebendigen Visionen, dass dein Erkennen richtig ist. Freude und Glückseligkeit sind immer Gefühle, die auch im Traum oder in Visionen auftauchen.
- Du erhältst Visionen oder Träume, in denen du dich mit deiner Dualseele als eins siehst und fühlst, so, als ob eure Körper ineinander übergehen und verschmelzen (obwohl menschliche Körper das nicht können).
- Bestimmte Krafttiere zeigen sich, wenn du an den Menschen denkst, der deine Dualseele ist. Sie zeigen sich oft paarweise.
- Ihr habt unendlich viele Gemeinsamkeiten, zum Beispiel gemeinsame Essensvorlieben, eine ähnlich

erlebte Kindheit, die gleiche Blutgruppe, Geburtstagsdaten, die sich innerhalb eurer Familien häufen, gleiche spirituelle Ansichten, ähnliche Sehnsüchte und Lebensträume, den gleichen Musikgeschmack, ähnliche Angewohnheiten im Alltag usw.

- Im Umgang miteinander unterstützt ihr euch gegenseitig in der persönlichen Entwicklung und seid füreinander da, ohne Vorbehalte und das Gefühl, etwas aufrechnen zu müssen.
- Ihr seid im Umgang miteinander autonom und frei. Ihr agiert frei und selbstständig, ohne Erwartungen, dass der andere ein Mangelgefühl von euch kompensieren soll. Du übernimmst die Verantwortung für dich selbst.
- Deine Herzens- und Seelenverbundenheit ist so tief wie bei niemandem sonst.
- Wenn ihr miteinander zu tun habt oder sprecht, ist alles leicht und fließend, es gibt ein harmonisches Miteinander, ein tiefes Verständnis und gegenseitiges Verstehen.
- Es findet mit dem Erkennen der Dualseele für dich etwas Wunderbares statt, eine seelische, spirituelle Weiterentwicklung in rasantem Tempo. Alles geschieht mühelos in Freude und Liebe.
- Du fühlst dich ewig verbunden mit deiner Dualseele und kannst alles sein lassen, was deiner Dualseele nicht guttut. Auch wenn es schmerzt, kannst du loslassen, weil du weißt, dass es zum höheren Wohl deiner Dualseele ist.

Ich bin ein Liebender/eine Liebende.
Gott führt mich.
Ich kann mich beruhigt zurücklehnen und vertrauen,
dass ich meine Dualseele in einem Menschen
erkennen werde, wenn es zu meiner
Bestimmung gehört.
Ich werde meine persönlichen Zeichen der Bestätigung
erhalten, wenn ich meine Dualseele erkannt habe.
Ich bin gesegnet und auserwählt.
In mir ist die Erkenntnis.
Ich bin ein Wissender/eine Wissende.
Gottes Traum manifestiert sich in mir.

Du erkennst deine Dualseele, sie dich aber nicht

Wie schön wäre es, wenn du deine Dualseele erkennst und sie dich ebenfalls. Ihr seid beide frei füreinander und könnt nun zum Wohl aller eine heilige Aufgabe in Liebe übernehmen und eure Einheit als Paar in einer erfüllenden Beziehung erleben.

Dass es so ist, kann durchaus möglich sein. Die Realität sieht allerdings meistens anders aus. Noch – aber es wird nicht so bleiben. Nach 2012 wird der reine Fluss der Liebe immer stärker werden. Dualseelen werden sich vermehrt erkennen und gemeinsam wirken.

Gehen wir von der augenblicklichen Situation aus. Diese kann unter Umständen für schmerzhafte Erfahrungen sorgen. Meistens erkennt nämlich nur einer den anderen als Dualseele. Der andere hat vermutlich keinen blassen Schimmer davon, dass er deine Dualseele ist. Das kann ein schwerer Schock für dich sein und dich in eine tiefe Traurigkeit stürzen.

Bitte unterlasse jeglichen Versuch, deine Dualseele missionieren zu wollen. Es ist ebenfalls zum Scheitern verurteilt, das Thema Dualseele anzusprechen und den anderen überzeugen zu wollen oder ihn auf das Thema aufmerksam zu machen. Es ist ihm nicht gegeben, es zu erkennen. Der Zeitpunkt stimmt nicht, oder es soll einfach nicht sein.

Dies zu erleben kann bitter sein und dich in eine heftige Krise treiben. Eventuell wirst du sehr leiden. Vielleicht wirst du sogar nach dem Sinn deines Lebens fragen. Du wirst in diesem Fall mit Gott hadern und wissen wollen, warum es nur dir gegeben ist, deine Dualseele als solche zu erkennen. Es kann sein, dass du das ganze Thema verdrängen willst, weil es so unendlich schmerzt, dass es mit Worten nicht beschrieben werden kann. Vielleicht wirst du auch krank werden, zusammenbrechen, dein Leben in Frage stellen, alles hinwerfen wollen.

Für einen Menschen fühlt sich das Erkennen der Dualseele fast immer so ekstatisch, perfekt und schön an, dass alles andere dagegen nur noch schal und geschmacklos wirkt. Deshalb kann es sein, dass du in eine schmerzhafte Sehnsucht getrieben wirst, wenn du merkst, dass dich deine Dualseele nicht erkennt.

Deine Sehnsucht nach Verschmelzung und Einheit ist riesengroß. Und die Einheit ist zum Greifen nahe! Deine Dualseele müsste dich doch nur erkennen! Ihr könntet gemeinsam den Himmel auf die Erde bringen! Aber nein, nichts dergleichen geschieht. Deine Dualseele ist lieb und nett zu dir und behandelt dich wie jeden anderen auch.

Oder – falls du den Menschen, in dem du deine Dualseele erkannt hast, mit deiner Nachricht der Dualseelen erschreckt hast – er zieht sich von dir zurück, fühlt sich überfordert, macht alles schlecht, was ihr zusammen erlebt, will nichts mehr mit dir zu tun haben, hält dich für verrückt und bricht jeglichen Kontakt zu dir ab.

Dies zu erleben – ob du nun Andeutungen gemacht hast oder nicht – ist eine schmerzhafte Erfahrung.

Solltest du im Augenblick diese Erfahrung machen, lass bitte deine Traurigkeit zu und verdränge sie nicht. Es ist durchaus normal und menschlich, mit Traurigkeit oder sogar einer Sinnkrise oder Depression zu reagieren. Es wird auch nicht immer möglich sein, dich davor zu schützen, denn es gehört zu deinem Lebensplan, dich mit dieser Erfahrung auseinanderzusetzen. Du wirst das Gefühl von Schmerz nicht ganz verhindern können, auch wenn du ab sofort nichts mehr mit dem Dualseelenthema zu tun haben willst.

Du hast den Menschen, der deine Dualseele ist, eventuell überfordert. Es lag (noch) nicht in seiner Bestimmung, dich ebenfalls zu erkennen. Seine menschliche Reaktion des Rückzugs ist deshalb verständlich, aber für dich eben sehr schmerzhaft.

Lass alle Gefühle zu. Du wirst die Kraft haben, damit umzugehen. Die richtigen Menschen werden dir zur Seite stehen, dich auffangen und durch diese schmerzvolle Erfahrung begleiten. Du wirst den Schmerz verarbeiten und geläutert daraus hervorgehen – wie neugeboren. Es gehört zu deiner Bestimmung.

Wichtig dabei ist, dein Herz offen zu lassen. Lass es offen für die fließende Liebe und sende weiterhin Liebe aus. Du fühlst zwar die Verletzung der Zurückweisung und möchtest am liebsten dein Herz verschließen, um dich zu schützen, doch nun wirst du die Stärke aufbringen, dein Herz geöffnet zu lassen und weiter zu lieben.

Die Liebe wird dich heilen. Liebe deine Dualseele. Bring ihr Liebe und Dankbarkeit entgegen. Sei dankbar, dass du die Gnade hattest, sie zu erkennen. Deine Tränen werden fließen, aber die Liebe wird dich heilen, denn du weißt, dass du jederzeit auf der geistig-seelischen Ebene mit deiner Dualseele verschmelzen kannst. Niemand kann dir das nehmen oder dich daran hindern.

Die ewige, unendliche Liebe kannst du auf dieser spirituellen Ebene jederzeit erleben, auch wenn du einen Körper hast und verankert bist in der Dualität und dem Gefühl des Getrenntseins von allem und jedem.

Sei dir bewusst, dass eine körperliche Verschmelzung sowieso nicht möglich ist. Im Irdischen kannst du zwar die Wonnen der Erotik, der Berührung und Sexualität ausleben, aber dein Körper wird immer ein Hindernis für eine wahre Verschmelzung sein. In der Sexualität bist du deinem Liebsten/deiner Liebsten so nahe wie möglich, aber mehr geht nicht.

Ihr seid schon miteinander verbunden. So oder so. Weil alles eins ist.

Du hast das göttliche Privileg erhalten, deine Dualseele zu erkennen. Du weißt, wer sie ist. Du kennst ihren Namen, ihr Leben, ihre Geschichte. Du weißt, wie sie aussieht, wie alt sie ist und welche Fakten dir noch zugänglich sind. Es ist ein wunderbares Geschenk, dieses Wissen erhalten zu haben.

Achte und ehre es, indem du dankbar bist und deine Dualseele mit deiner Liebe nährst. Du kannst mit ihr jederzeit geistig-seelisch verschmelzen. Freue dich an dieser Tatsache und dem Wissen, dass ihr eines Tages als Einheit in Gottes Herz zurückkehren werdet.

Ich bin dankbar, dass es dich gibt, geliebte Dualseele.
Es ist eine Gnade, dich erkannt zu haben.
Deshalb entfalte ich in mir die Freude,
dich immer zu lieben.
Was auch immer geschehen mag,
welchen Weg wir auch immer gehen,
welche Bestimmung uns führen wird.
Wir sind Gottes Traum.
Wir sind die Auserwählten.
Wo auch immer du bist auf der Welt,
geliebte Dualseele,
meine Liebe begleitet dich ewig.
Denn wir sind sowieso eins,
für immer und ewig.

Du erkennst deine Dualseele, sie dich auch, aber einer von euch ist oder ihr beide seid fest liiert

Auch diese Dualseelenkonstellation kommt öfter vor. In euch beiden ist der Funke der Erkenntnis wirksam. Es kann sein, dass deine Dualseele diesem Erkennen einen anderen Namen gibt, weil sie das Wort Dualseele nicht kennt. Vielleicht nennt sie es Seelenverwandtschaft oder Seelenpartnerschaft und empfindet dich als „ihre andere Hälfte“. Vor allem, wenn deine Dualseele in einem männlichen Körper zu Hause ist, ist es möglich, dass sie nicht auf Worte und Äußerungen bedacht ist und ihren Empfindungen nicht gut Ausdruck verleihen kann. Aber es ist offensichtlich und für beide absolut klar: Ihr gehört zusammen. Du bist deine Dualseele, und sie ist du. Ihr seid eins und habt eine göttliche Verbindung. Im Denken, Fühlen und Tun ist es für euch beide klar, auch wenn das Wort Dualseele nicht fällt. Aber ihr seid nicht frei füreinander.

Solltest du diese Erfahrung gerade machen, dann finde in den folgenden Worten Trost und die Gewissheit, dass es dennoch gut und richtig ist, euch erkannt zu haben.

Wenn Liebende nicht frei füreinander sind, kommt es vor, dass sie sich dennoch in eine bittersüße Affäre stürzen, da die allerwenigsten Menschen der körperlichen Anziehungskraft widerstehen können, es sei denn, der Altersunterschied ist zu groß. Das kommt aber sehr selten vor, denn in diesem Fall wird es kein Erkennen der Dualseele geben.

Wenn in eurem Schicksal das gegenseitige Erkennen liegt, ist eine körperliche und auch sexuelle Verbundenheit möglich. Es wird euch zueinander ziehen. Wenn ihr sehr viel Willenskraft aufbringt, ist es möglich, sich zurückzuziehen und auf einer rein freundschaftlichen Basis miteinander umzugehen. Dieses Verhalten verlangt sehr viel Disziplin und auch ein gewisses Maß an innerer Reife, denn alles in euch wird nach einer Vereinigung drängen, geistig-seelisch, wie auch körperlich. Ihr werdet euch vereinen wollen, und es wird sehr schwer und anstrengend sein, dem zu widerstehen.

Nun liegt es an euch, was weiterhin geschehen soll. Wenn es im göttlichen Plan liegt und zum Wohl aller ist, wird sich alles so fügen, dass ihr eines Tages frei füreinander seid. Auch wenn das heißt, dass die bestehenden Verbindungen (Partnerschaften oder Ehen) aufgelöst werden.

Es ist aber auch möglich, das Wissen, dass ihr Dualseelen seid, auf die göttliche Ebene zu transformieren und zum Wohl aller zur Erfüllung zu bringen. Das wird dann der Fall sein, wenn eure bisherigen Partnerschaften glücklich sind und ebenfalls dem Wohl aller dienen. Dann ergänzt die Liebe zu deiner Dualseele dein Wirken. Ihr werdet auf weiteren Feldern tätig werden, um Heilkraft in die Welt zu bringen.

Es kann zum Beispiel sein, dass du mit deinem derzeitigen Lebenspartner Kinder erziehst. Dies ist eure jetzige Aufgabe. Gleichzeitig widmest du dich gemeinsam mit deiner Dualseele einem sozialen Projekt. Beide Aufgaben sind wichtig und dienen einem höheren Sinn. Um möglichst kraftvoll das soziale Projekt zum Laufen zu bringen, brauchst du in diesem Fall das Wissen um deine Dualseele, und aus diesem Grund erkennt ihr euch gegenseitig.

Wenn es so ist, seid ihr dieser Herausforderung auch gewachsen.

Es heißt aber nicht, dass es immer so bleiben muss. Wenn zum Beispiel deine Aufgabe mit deinem jetzigen Lebenspartner erfüllt ist (das kann auch eine karmische Aufgabe sein, die irgendwann beendet ist), hast du die Wahl, die Partnerschaft zu beenden und dich ganz mit deiner Dualseele zu vereinen.

Verzweifle nicht, sondern bleib ruhig und besinne dich darauf, dass du auf der geistig-seelischen Ebene sowieso immer mit der Dualseele vereint bist und mit ihr bewusst verschmelzen kannst. Diese Tatsache wird dich trösten und dir Kraft schenken, den Balanceakt zwischen dir, deinem Lebenspartner und deiner Dualseele (und dessen Lebenspartner) zu meistern.

Wichtig ist, dass du dich nicht drängen lässt und dir keine Schuldgefühle aufládst! Wenn du mit deiner Dualseele geschlafen und somit deinen jetzigen Lebenspartner betrogen hast, kann unter Umständen das Gefühl der Schuld schwer auf dir lasten, wenn du ein feinfühliger Mensch mit einem hohen moralischen Bewusstsein bist. Dir wird bewusst, was du getan hast. Nun bist du enttäuscht von dir, hast ein schlechtes Gewissen und schämst dich. Gleichzeitig drängt es dich zu deiner Dualseele. Du erlebst diesen Gewissenskonflikt als zermürbend und weißt nicht, wie es weitergehen soll.

Bitte halt inne und besinne dich auf die Liebe. Es ist die reine, göttliche Liebe, die in euch wirkt, in dir und deiner Dualseele. Ihr beide seid aus einem einzigen Licht gemacht. Geistig-seelisch seid ihr sowieso verbunden und könnt jederzeit miteinander verschmelzen. Was euch fehlt, ist die Klarheit in eurer Verbundenheit, wenn ihr euer Dasein dem göttlichen Willen schenkt.

Überlegt euch: Dient euer Zusammensein der göttlichen Kraft? Wächst aus eurem Zusammensein als Menschen etwas Neues, das dem Wohl aller dient? Ist das der Fall ist, ist euer Zusammensein heilig. Bekennt euch zueinander und löst eure jetzigen Partnerschaften auf, wenn der richtige Zeitpunkt gekommen ist.

Dient euer geheimes Zusammensein einzig eurem eigenen Wohl, wird es schwer sein, auf Dauer eine glückliche, aber heimliche Beziehung zu leben. Sie wird euch Lebenskraft rauben und unglücklich machen, denn sie entspricht nicht der Klarheit und göttlichen Ordnung, wenn ihr sie mit Schuldgefühlen lebt. Und es wird nicht immer möglich sein, sie gänzlich ohne Schuldgefühle zu leben.

Sobald du in einer festen Partnerschaft lebst, ist sexuelle Treue ein wichtiger Bestandteil dieser Partnerschaft. Deshalb sorge für Klarheit.

Bekennt euch zueinander und verlasst eure jetzigen Partner, wenn es angebracht ist, weil euer Zusammensein dem göttlichen Plan dient. Oder bringt die Kraft auf, eure innige Verbundenheit schöpferisch auszuleben. Ihr lenkt die schöpferische, sexuelle Kraft zwischen euch auf ein Projekt, das dem Wohl aller dient, und hebt eure Verbundenheit auf eine höhere Ebene. Eure Sexualität lebt ihr dann wieder mit euren jetzigen Lebenspartnern aus und widmet euch einer gemeinsamen Aufgabe, in die ihr all eure Verbundenheit fließen lasst.

Die wenigstens Menschen können sich allerdings auf diese höhere Ebene einlassen, weil es schmerzlich ist, das Grundbedürfnis, mit der Dualseele alles zu erleben – auch die innige, heilige Form der Sexualität – stets unterdrücken und transformieren zu müssen. Denn jedes Mal, wenn du die ekstatische Lust in dir spürst, deine Dualseele mit Haut und Haaren zu spüren und zu berühren, sie zu umarmen, sie zu liebkosen und zu streicheln, musst du sie in eine andere Bahn lenken, sie loslassen, umlenken oder ihr ausweichen.

Du wirst erfahren, wie es dennoch möglich ist, die höheren Ebenen zu erreichen. Es wird dir leicht gelingen, wenn du bereit dafür bist. Die neuen Schwingungsfrequenzen der Erde werden es möglich machen, dass neue Formen des Miteinanders gelebt werden können, die dennoch moralisch und ethisch vertretbar sind und die Seelen- und Herzensliebe in den Vordergrund stellen.

Wenn du deine Dualseele erkannt hast, aber in einer festen Beziehung lebst (oder deine Dualseele ist in einer festen Beziehung), gehört diese Erfahrung zu deiner Bestimmung. Dann hast du auch die Kraft und das Potenzial, die Liebe zu deiner Dualseele auf einer höheren Ebene zu leben. Es wird Mut von dir gefordert, diesen Weg zu beschreiten, doch du wirst diesen Mut aufbringen und neue Wege des Miteinanders gehen können.

Auch das Vertrauen wird auf deiner Seite sein. Du wirst Gottes Traum für dein Leben Vertrauen schenken und seinen Willen leben.

Das neue Zeitalter der Dualseelen ist im Aufbruch, und du hast die Kraft, alte Lebenswege zu verändern und zu transformieren. Zum Wohl aller wird sich alles so fügen, wie es gut für dich und die gesamte Schöpfung ist.

Gott kennt deinen Weg. Gott träumt dein Leben. Deshalb genieße es, transformiere die Liebe zu deiner Dualseele auf eine höhere Ebene und vertraue darauf, dass das Richtige geschehen wird, wie auch immer es aussehen mag.

Und wenn es eure Bestimmung ist, werdet ihr eines Tages eine Liebesbeziehung auf allen Ebenen miteinander leben können.

Vertraue, dass das Richtige geschieht und sich deine Bestimmung im Plan Gottes auf jeden Fall entfalten wird.

☆☆☆

Gott träumt mich
und dich, geliebte Dualseele.
Ich weiß, wer du bist,
und bin dankbar dafür.
Du bist in mir und ich in dir.
Im Bewusstsein der Liebe sind wir stets vereint.
In Gottes Traum sind wir für immer und ewig eins.
Wir sind die Einheit.
Wir sind das Paradies.

Wir sind die Freude.
Wir sind die Erfüllung.
Wir sind die Vollendung.
Wir sind die Vollkommenheit.
Gottes Wille geschieht in uns.
Ich bin voller Freude darüber.
Glückselig.
Glückselig.
Und so kann ich dich annehmen.
Ich kann die gesamte Situation annehmen
und einen neuen Weg mit dir gehen,
mich zu dir bekennen,
Veränderungen herbeiführen zum Wohl aller.
Im Plan Gottes,
zum Wohl der Schöpfung.
Oder ich kann mein Begehren transformieren
und unser Beisammensein
auf eine höhere Ebene stellen.
Zum Wohl aller.
Oder dich loslassen im Irdischen.
Ganz und gar,
in der Bewusstheit,
dass wir immer eins sind.
Glückselig.
Glückselig.

Ihr habt euch erkannt, trennt euch aber wieder

Es kommt immer wieder vor, dass sich Dualseelen erkennen, aber ihren Weg nicht gemeinsam gehen können. Meistens liegt es daran, dass einer oder beide schon Partner haben und keinen Ausweg sehen, die Dualseele in ihrem Leben zu integrieren.

Es kann aber auch sein, dass beide Dualseelen frei füreinander sind, aber noch andere Aufgaben bewältigt werden müssen, bevor sie miteinander leben können. Meistens halten karmische Verpflichtungen von einem gemeinsamen Leben ab. Das kann ein Elternteil sein, das noch gepflegt werden muss, oder es ist ein Kind da, das mit dem neuen Partner nicht zurechtkommt. Eventuell halten berufliche Verpflichtungen die Dualseelen von einem gemeinsamen Leben ab. Wenn zum Beispiel einer beruflich ständig verreisen muss und darin seine Lebensaufgabe sieht, ist es schwierig, ein gemeinsames Leben aufzubauen.

Vielleicht aber habt ihr den Schritt gewagt und ein gemeinsames Leben begonnen. Doch dann merkt ihr, dass es nicht passt und ihr im Augenblick nichts miteinander anfangen könnt. Dennoch stehen wichtige karmische Lektionen an, die ihr erledigen müsst. Eventuell müsst ihr noch eine Weile alleine sein, bis bestimmte seelische Verletzungen geheilt sind. Ihr hängt zum Beispiel an alten Verletzungen, habt Angst, euer Herz zu öffnen, habt Erwartungen und seid enttäuscht, wenn etwas nicht so läuft, wie ihr es euch erhofft habt. Oder es geschehen unvorhergesehene Dinge, die euch auseinanderbringen, wie zum Beispiel ein Unfall oder familiäre Belastungen.

Die Erfahrung, keine erfüllende Beziehung führen zu können, ist immer schmerzlich, und es liegt an dir, dies in dir selbst zu heilen. Fast immer sind es deine eigenen Erwartungen, die eine glückliche Beziehung vereiteln, nämlich dann, wenn du enttäuscht bist, weil dein Partner dich nicht glücklich macht, oder weil du bestimmte Ansprüche an ihn hast, denen er deiner Meinung nach nicht gerecht werden kann. Oder du denkst, ihn verändern zu können, doch Tatsache ist: Nur du kannst dich verändern. Niemanden sonst. Auch nicht deine Dualseele. Sie ist in einem menschlichen Körper gebunden und macht ihre eigenen Erfahrungen, so wie du auch.

Frage dich, warum du enttäuscht bist und warum es so schmerzt, wenn dich ein anderer Mensch – auch deine Dualseele – verletzt.

Die Menschen neigen dazu, andere für ihre eigenen Gefühle verantwortlich zu machen. Sie suchen nach Kausalitäten, nach dem Motto: Weil mein Partner mich nicht versteht, sich anders verhält, als ich es mir wünsche, und andere Prioritäten setzt, geht es mir nicht gut. Doch niemand außer dir selbst ist für dein Glück verantwortlich.

Deshalb besinne dich auf das Lieben. Werde zu einem/einer Liebenden, völlig frei von Erwartungen. Beginne, deine Dualseele und die Menschen um dich herum zu lieben, so, wie sie sind, und unabhängig davon, wie sie sich verhalten! Wenn du liebst und dich wie ein Liebender/

eine Liebende verhältst, geschehen Wunder. Durch die Liebe, die du aussendest, wird sich Schritt für Schritt nicht nur deine geistige Haltung, sondern auch die deiner Mitmenschen verändern.

Stell dir vor, dein Partner nörgelt an dir herum. Er vergisst wichtige Termine, ist unpünktlich und interessiert sich nicht für die Dinge, die dir wichtig sind. Du bist enttäuscht. Eventuell machst du ihm Vorwürfe oder ziehst dich beleidigt zurück. Dein Partner geht in eine Verteidigungsposition, fängt an, sich zu rechtfertigen oder zieht sich ebenfalls zurück, weil er merkt, dass du wegen jeder Kleinigkeit beleidigt bist.

Du kannst diesen Kreis durchbrechen, indem du in deiner Mitte bleibst und deinen Partner so lässt, wie er ist. Wenn er nörgelt, dich ignoriert, unachtsam ist – bleib in der Liebe. Sei liebevoll zu ihm, hab Verständnis für ihn, verwöhne ihn und zeige ihm, dass du glücklich bist, egal, wie er sich verhält. Zeige ihm auch, dass du, unabhängig von ihm, ein glücklicher und zufriedener Mensch bist. Genieße es zu leben und Freude am Leben zu haben. Strahle diese Freude aus. Werde zur Freude! Sei ein Liebender/eine Liebende! Dein Partner wird sich geliebt fühlen und wahrnehmen, wie viel Aufmerksamkeit er bekommt. Nun ist der Weg frei, dass auch er dir Liebe zurückspiegelt.

Doch auch Grenzen sind wichtig. Einem Partner, der dich grundlos beleidigt, handgreiflich wird, dich manipuliert oder psychisch oder physisch misshandelt, musst du Grenzen setzen. Sage ihm deutlich, dass du dir das nicht gefallen lässt. Sei konsequent, setze dich zur Wehr und verlasse ihn, wenn es nicht anders geht. Sende ihm in Gedanken dein liebevolles Herz, damit er einen anständigen Weg durchs Leben findet. Bleib in der Liebe, aber setze dich seinen Launen und Handlungen nicht aus.

In glücklichen und erfüllten Beziehungen kann jeder auch gut für sich alleine sein. Dies gilt für alle Arten von Beziehungen, die mit Seelenpartnern sowie Dualseelenbeziehungen. Sei mit dir selbst glücklich. Dein Lebenspartner bereichert dich und dein Leben. Aber es ist dein Leben, und nur du bist dafür verantwortlich. Bleib in deiner Verantwortung und deiner Liebe.

Innerhalb der Dualseelenbeziehung wird dich deine Dualseele komplett spiegeln. Das, was in dir selbst noch nicht geheilt ist, ist in deiner Dualseele meistens auch noch nicht geheilt. Entweder ihr setzt euch konstruktiv mit euren Lebensthemen auseinander, oder ihr trennt euch wieder, damit jeder die Verantwortung für sich selbst übernehmen kann. Sobald jeder von euch zu einem Liebenden wird, ist der Weg zueinander wieder frei.

Trennungen können unter Umständen sehr schmerzhaft sein, dich völlig zerreißen und dich am Sinn des Lebens zweifeln lassen. Auch hier hilft dir zu lieben. Sende dir selbst Liebe. Verzeihe dir und deiner Dualseele.

Lass Heilung geschehen, indem du dir selbst zugestehst, was für ein wunderbarer Mensch du bist. Jeder Mensch ist wunderbar und einzigartig, ein Geschöpf Gottes. Siehe dein eigenes Licht, dein strahlendes, göttliches Leuchten. Stell dir vor, wie du ein Liebender/eine Liebende bist, der/die in göttlichen, kraftvollen Strahlen

Liebe aussendet. Siehe, wie du heil bist und wie deine Beziehung heil ist, weil du sämtliche Erwartungen loslässt und dich an dem Jetztzustand erfreust.

Sei dankbar. Täglich. Sei dankbar für dein Dasein, für das deiner Dualseele und das aller Menschen.

Sobald du die Zeit des Schmerzes überwunden hast und verarbeiten konntest, wende dich deiner Dualseele wieder zu. Du weißt: Ihr seid eins! Auch wenn ihr euer Leben nicht teilt, könnt ihr jederzeit die Dualseelenheilkraft miteinander entfalten. Es liegt in deiner Macht, dies für dich zu tun. Dazu brauchst du keinen Partner. Du selbst entscheidest, dich mit ihm zu vereinen und die Heilkraft für dich, deine Dualseele und zum Wohl aller fließen zu lassen.

Vielleicht denkst du jetzt: Wie soll das gehen? Ich bin so verletzt durch das Verhalten dieses Menschen, so enttäuscht von mir und dem Scheitern unserer Beziehung, wie kann ich mich auf der geistig-seelischen Ebene mit diesem Menschen vereinen, um Heilkraft wirken zu lassen?

Erkenne den Unterschied. Du vereinst dich nicht mit diesem Menschen, sondern mit deiner Dualseele. Eine irdische Vereinigung gibt es nicht! Menschen können sich nicht vereinigen, denn einem grobstofflichen Körper ist dieses Erleben nicht gegeben. Ihr könnt zwar so nahe rücken wie möglich, Haut an Haut, aber die irdischen Körper können sich im Gegensatz zu den seelischen nicht durchdringen. Es gibt die geistig-seelische Verschmelzung, die unabhängig von der Person ist, die deine Dualseele ist. Die Seele ist immer klar und rein, frei von allem. Auf der geistig-seelischen Ebene seid ihr eins, wenn ihr euch dessen bewusst werdet.

Unabhängig von allen irdischen Situationen und Erlebnissen hast du auf der geistig-seelischen Ebene die Möglichkeit der Verschmelzung. Als Mensch ist es dir gegeben, zu lieben. In die Tiefe zu lieben, bis hin zum Geistig-Seelischen. Tue dies, sobald du deine irdischen Emotionen verarbeitet hast und in dir Klarheit und Bewusstheit verspürst. Sei dankbar, dass es euch gibt.

Sprich diesen Dank laut aus:

☆☆☆

Gott, ich bin dankbar.
Ich bin dankbar, dass es mich gibt.
Ich bin dankbar, dass ich diese Erfahrungen mache,
die meine Seele reifen lassen.
Ich bin dankbar, dass ich ein
Liebender/eine Liebende bin.
Ich bin dankbar, dass ich lebe und liebe.
Ich verzeihe und vergebe mir selbst.
Ich verzeihe und vergebe dem Menschen,
der meine Dualseele ist.
Unsere Liebe ist unsterblich.
Sie ist unabhängig von allen irdischen Situationen
und Gefühlen.
Ich wende meine Aufmerksamkeit der fließenden,
göttlichen Liebe zu.
Ich bin ein Liebender/eine Liebende.

Ich bin ein Teil der göttlichen Schöpfung.
In mir wirkt das Licht Gottes.
Ich bin dankbar, dass es mich gibt.
Ich bin dankbar, dass es dich gibt
(hier den Namen deiner Dualseele einsetzen).
Ich bin dankbar, dass ich lebe.
Ich bin dankbar, dass mir mein Leben Erfüllung
und Reichtum schenkt.
Ich liebe mich.
Ich liebe dich, du, meine Dualseele.
Wir sind ewig verbunden,
auch wenn wir nicht miteinander leben können.
Wir lassen uns jetzt als Menschen in Frieden und
Harmonie gehen, damit jeder seine Erfüllung findet.
Wir beten für unser aller Bestes
und wissen um unsere Einheit.
Im Geistig-Seelischen sind wir für immer und ewig eins.
Diese Bewusstheit lässt uns zur strahlenden
Lichtsäule werden.
Was auch immer geschieht,
unsere Bestimmung wird sich weiter entfalten.
Gott träumt unseren Weg.
Wir sind im Vertrauen.

Deine Dualseele erkennt dich, du sie aber nicht

Vielleicht wirst du von einem Menschen, der dir sehr sympathisch ist, irgendwann auf das Thema Dualseele angesprochen. Mehr oder weniger vorsichtig wird dir dein Gegenüber zu verstehen geben, dass er deine Dualseele ist.

Jetzt bist du wahrscheinlich überrumpelt. Du siehst ihn groß an, wechselst das Thema oder schweigst beharrlich. Wie fühlt es sich für dich an, wenn jemand in dir seine Dualseele sieht? Kannst du damit umgehen? Bist du angenehm überrascht oder eher peinlich berührt?

Wie auch immer, es zählt einzig dein inneres Empfinden. Vielleicht fühlst du dich geschmeichelt, dass jemand in dir seine Dualseele erkennt. Wenn aber dein Gefühl dir sagt, dass du nicht in Resonanz bist mit dieser anderen Person und in ihr auch nicht deine Dualseele erkennst, dann soll es (noch) nicht sein.

Nur du weißt, ob der andere deine Dualseele ist. Im Augenblick erkennst du ihn nicht, und ob jemals der richtige Zeitpunkt dafür kommen wird, kannst du auch nicht wissen.

Bedenke, dass es für den anderen sehr schwer ist, sein Herz zu öffnen und dir seine Gefühle mitzuteilen. Bitte ziehe dich deshalb nicht zurück ins Schweigen oder in Ausflüchte und ignoriere die Gefühle des anderen nicht, auch das verletzt ihn nur noch mehr und stürzt ihn in tiefe Verzweiflung.

Bedanke dich stattdessen für seine Offenheit. Nimm dieses Geschenk dankbar an, dass jemand dir sein Innerstes offenbart hat. Du weist ihn nicht zurück, wenn du diesen Dank aussprichst. Betone aber gleichzeitig, dass es dir leider nicht gegeben ist, ihn ebenfalls als Dualseele zu erkennen. Bedanke dich nochmals für die Wertschätzung, die dir zuteil geworden ist, indem er in dir seine Dualseele sieht.

Nun kann der andere „sein Gesicht wahren" und muss sich nicht, tief getroffen von deiner Ablehnung, für immer zurückziehen. Biete ihm, wenn du möchtest, deine Freundschaft an. Vielleicht lässt er sich darauf ein.

Es ist wichtig, dass du ganz bei dir bleibst und dich nicht überrumpeln oder drängen lässt. Höre auf deine Gefühle, deine inneren Hinweise. Sei dir gewiss, dass du deine Dualseele erkennen wirst, wenn der richtige Zeitpunkt gekommen ist und es in deiner Bestimmung liegt. Darauf kannst du vertrauen. Teile dies auch deinem Gegenüber mit, denn es kann gut sein, dass er tatsächlich deine Dualseele ist, du es jedoch (noch) nicht erkennst.

Nimm es dann hin, forciere nichts und lebe dein Leben als Liebender/Liebende.

☆☆☆

Ich danke dir, geliebte/r (Name der Dualseele),
dass du dich mir zu erkennen gibst.
Ich schätze deine Offenheit und bin stolz,
dass ich dieses Wissen mittragen darf.
So lass uns Teil von Gottes Traum sein
und unsere Bestimmung zum Wohl aller leben.
Wenn es in meiner Bestimmung liegt,
werde ich dich auch erkennen.
Nun sende ich dir Herzensliebe,
ganz frei und bedingungslos,
damit du voller Freude deine Lebensaufgaben
bewältigen kannst.
Lass uns voller Freude sein und Vertrauen haben,
dass alles gut ist, wie es ist.
Ich danke dir.
Ich schätze dich.
Ich sende dir meine Gebete.
Frieden und Liebe sollen mit dir sein.
Gottes Segen in uns allen.

Du hast das Gefühl, dass deine Dualseele nicht inkarniert ist

Viele Menschen, die sich brennend für das Thema Dualseele interessieren, hoffen, dass sie gleichzeitig inkarniert ist. Sie sollte möglichst in der Nähe leben, sodass es eine reale Chance gibt, sich zu erkennen, das passende Alter und Aussehen und das richtige Geschlecht zu haben, damit eine erfüllende Liebesbeziehung gelebt werden kann.

Doch es gibt auch Menschen, die spüren, dass ihre Dualseele nicht inkarniert ist. Dieses Wissen ist so tief und klar in ihnen, dass Zweifel ausgeschlossen sind.

Solltest du deine Dualseele noch nicht erkannt haben, ist es möglich, dass sie nicht inkarniert ist. Diese Möglichkeit besteht immer, es sei denn, deine innere Stimme sagt dir etwas anderes.

Wenn du beginnst, Liebe auszusenden, spielt es keine Rolle, ob deine Dualseele inkarniert ist oder in der Geistigen Welt weilt. Liebe kennt keine Grenzen und durchdringt alle Bereiche, die feinstofflichen wie die grobstofflichen. Ob deine Dualseele einen menschlichen Körper hat und auf der Erde lebt oder einen körperlosen Seelenzustand angenommen hat, ist deshalb irrelevant.

Vertraue darauf, dass das Richtige zur richtigen Zeit geschehen wird. Sollte dir eines Tages klar sein, dass deine Dualseele nicht inkarniert ist, kannst du mit ihr dennoch tiefe Verbundenheit und Einheit spüren. Du kannst sie zwar nicht berühren, spüren oder mit ihr auf menschlichem Weg kommunizieren, aber du kannst sie als Seele wahrnehmen.

Die Erfahrung von Einheit und Verschmelzung auf der geistig-seelischen Ebene ist absolut erfüllend. Deshalb sei nicht enttäuscht, wenn deine Dualseele nicht inkarniert ist, sie kann dich von der Geistigen Welt aus optimal unterstützen. Es hat seinen Sinn, dass es so ist, wie es ist. Also zerbrich dir nicht den Kopf, sondern genieße dein Wissen oder vertraue darauf, dass deine Dualseele immer mit dir verbunden ist und du dich jederzeit mit ihr auf der geistig-seelischen Ebene vereinen kannst.

☆☆☆

Geliebte Dualseele,
du bist bei mir.
Wir wandern zwischen den Welten
der Grob- und der Feinstofflichkeit
hin und her
und sind doch stets miteinander verbunden.
Wir stehen uns bei und begleiten uns
in tiefer Liebe.
Gott träumt unsere Wege
von Inkarnation zu Inkarnation.
Unsere unsterbliche Liebe ist immer vollkommen.
Sie ist die Erfüllung im Hier und Jetzt,
für mich mit meinem Körper spürbar,
für dich im körperlosen Lichterkleid ebenso erfahrbar.

Liebe und Freude verbinden uns,
und jenseits von Zeit und Raum
gibt es nur uns und alles.
Und alles ist Gott.

Du hast das Gefühl, mehr als eine Dualseele zu haben

Wenn dir dein tiefes, inneres Gefühl felsenfest sagt, dass du mehr als eine Dualseele hast, dann ist es auch so. Nur du allein weißt, in wie viele Teile sich deine Seele geteilt hat. Es ist Gottes Traum für dich, dass es mehrere Seelenteile von deiner Gesamtseele gibt.

Deine Gewissheit wird dir Bestätigung sein.

Es gibt viele Seelen, die eigentlich nicht mehr inkarnieren müssten. Sie sind in Gottes Herz zurückgekehrt, haben ihre Leben und Erfahrungen gemeistert und ihr Bewusstsein der Liebe voll und ganz entwickelt. Sie sind reines Licht und reine Liebe und „entschließen" sich dennoch, noch einmal auf die Erde zurückzukehren. Im Dienst der göttlichen Schöpfung sind sie für die Erde oder für alle Planeten und das gesamte Universum tätig. Sie „helfen" mit ihrem Bewusstsein und ihrer Liebesfähigkeit anderen Menschen auf ihrem Weg durchs Leben.

Für einige dieser Seelen gilt, dass sie sich in mehrere Seelenteile aufteilen, um möglichst gleichzeitig im linearen Zeitgeschehen, inkarniert in mehreren Personen, tätig zu sein.

Das bedeutet konkret, dass jeder Seelenteil inkarniert ist und als Mensch auf der Welt seine Aufgaben der Heilung und Liebe erfüllt.

Es ist möglich, dass diese Tatsache auch für dich zutrifft. Wenn du es tief in deinem Herzen und Sein spürst, ist es so, denn es inkarnieren mittlerweile sehr viele Menschen auf die Erde, die ohne karmische Verstrickungen zur Welt kommen und ihr Leben der göttlichen Schöpfung zur Verfügung stellen. Sie sind im Dienst Gottes tätig. Wie Engel auf Erden sind sie voller Liebe, Weisheit, Demut und Bewusstheit. Sie sind bereit, alles zu geben, was ihnen möglich ist. Manche von ihnen nehmen eine Führungsposition ein, um mit Weisheit und Liebe zu regieren. Die meisten aber bleiben still im Hintergrund und agieren an der Seite der Menschheit, wo immer sie gebraucht werden.

Sie kümmern sich wenig um ihr eigenes Wohl und kennen keine menschlichen Wünsche und Sehnsüchte. Der Wille Gottes ist ihr Wille. Und das ist ihnen auch bewusst. Ja, sie spüren es, sie wissen es. Sie entscheiden sich dafür und gehen ihren Weg in Frieden, Harmonie, Liebe und absoluter Hingabe an Gott.

Diese „Freiwilligen" kennen das Ziel (den Wunsch), ihre Dualseele oder Seelenanteile unbedingt zu erkennen, nicht.

Für diese Menschen ist das Erkennen der Seelenanteile nur dann wichtig, wenn es Gottes Willen entspricht und dem Dienst der Schöpfung dienlich ist. Dann aber mit ganzem Herzen und voller Freude.

Ihr Herz und ihr Dasein sind sowieso so sehr von Liebe geprägt, dass sie eigene Interessen nicht als wichtig erachten.

Solltest du zu diesen erleuchteten Meistern und Meisterinnen gehören, wird alles in dir glückselig sein. Jeder Gedanke, jedes Gefühl, jede Berührung, jedes Tun – alles ist von seliger und freudiger Liebe und Erfüllung durchwoben. Und so ist es schön für dich zu wissen, dass es mehrere Seelenanteile von dir gibt, die wie du zum Wohl aller im Dienst der göttlichen Schöpfung stehen. Trotzdem wird es in dir kein Streben nach Vereinigung mit deinen Seelenanteilen geben, denn du weißt, dass ihr sowieso eins seid und freiwillig hier seid, um der Menschheit, dem Planeten und dem Universum zu dienen. Das ist deine einzige Sehnsucht. Das ist eure einzige Sehnsucht. Gott ist dein Sehnen. Für Gott im Dienst zu sein ist die Erfüllung für dich und deine Seelenanteile.

Solltet ihr euch erkennen, wirst du ebenfalls diese wunderbare Freude und Erfüllung erleben wie alle anderen, die ihre Dualseele finden. Du wirst glücklich und dankbar sein, und alles zwischen euch wird fließen und harmonisch sein, denn ihr wisst, dass ihr Liebende seid. Ihr seid als Männer und Frauen unterwegs auf dieser Welt. Ihr werdet wissen, dass ihr zueinander gehört. Jeder Seelenanteil wird es wissen, wenn es wichtig für ihn sein sollte.

Also, spüre tief in dich hinein. Hast du die absolute Gewissheit in dir, dass sich deine Seele in mehrere Anteile geteilt hat? Dann hast du wahrscheinlich die Inkarnationszyklen hinter dir und stehst nun freiwillig mit deinem ganzen Sein zum Wohl der Schöpfung in Gottes Dienst. Eventuell bist du in deinem letzten karmischen Inkarnationszyklus und auf dem Weg zur ewigen Einheit im Geiste Gottes.

Du wirst es wissen, wenn es so ist. Die Freude wird in dir sein, denn du bist der Gedanke Gottes in seiner irdischen Manifestation.

Gott träumt mich
und all meine Seelenanteile.
Ich bin hier,
um zu dienen.
Mein Wille ist Gottes Wille.
Ich bin erfüllt von Gott.
Ich bin erfüllt von der Seligkeit,
mein Sein der Welt zur Verfügung zu stellen.
Ich liebe.
Ich bin erleuchtet.
Ich bin ein Liebender/eine Liebende.
Ich bin ein Meister/eine Meisterin.
Hier in Gnade Licht und Liebe zu leben und zu lehren.
Gottes Wille geschieht durch mich.
Gott träumt mich.

Der Unterschied zwischen Dualseelen und Seelenpartnern

Jeder Mensch kann dein Seelenpartner sein. Doch es gibt nur eine Dualseele für dich, falls du nicht zu den erleuchteten Meistern gehörst und dich freiwillig in mehrere Seelenteile geteilt hast.

Du wirst wissen, wer deine Dualseele ist, wenn es soweit ist. Dann wirst du sie erkennen.

Mit Seelenpartnern ist das anders. Ein Seelenpartner ist ein Mensch, mit dem du dich sehr innig verbunden fühlst. Es funkt zwischen euch, und es verbindet euch eine fast magische Anziehung. Es trifft euch wie ein Blitz, ihr seid verliebt auf den ersten Blick. Zu manchen Seelenpartnern fühlt ihr euch sehr stark sexuell hingezogen, oder ihr spürt, dass eure Herzen miteinander schlagen. Eventuell verbindet euch ein bestimmtes Projekt, an dem ihr arbeitet, eine Aufgabe, die es zu erfüllen gilt. Doch fast immer fehlt die überirdisch himmlische Freude und Leichtigkeit. Das Miteinander ist oft mit Schwierigkeiten verbunden. Gespräche sind anstrengend, stressig oder herausfordernd. Die magische Anziehung hat nicht nur lichte Seiten, sondern hinterlässt auch immer wieder ein Gefühl der Schwere.

Menschen berichten immer wieder, dass diese Begegnungen zu den anstrengendsten ihres Lebens gehören, und zwar auf allen Ebenen, auch auf der geistig-seelischen. Diese ist bei Dualseelen komplett voller Freude, selbst wenn es im Irdischen hapern sollte.

Es gibt karmische Seelenpartner, die ihr in verschiedenen Leben und in unterschiedlichen Konstellationen immer wieder trefft: als Ehepartner, als Elternteile, als Geschwister, als Elternteil und Kind oder innerhalb anderer verwandtschaftlicher Konstellationen. Vielleicht auch als Freunde. Wenn ihr euch in diesem Leben trefft, dann tritt dieses Gefühl, den anderen schon lange zu kennen, auf. Nicht immer beruhen diese Gefühle auf angenehmen Erfahrungen. Es ist durchaus möglich (und meistens auch sehr wahrscheinlich), dass ihr miteinander noch etwas zu regeln habt. Vielleicht soll eine Schuld beglichen werden, etwas aufgelöst oder endgültig erledigt werden, oder ihr knüpft an eine alte Erinnerung an, die in einem früheren Leben nicht gelebt werden konnte. Jetzt habt ihr die Chance dazu.

Karmische Seelenpartnerschaften gestalten sich manchmal als sehr anstrengend und schwierig, bis sich die karmische Konstellation auflöst. Dann könnt ihr entscheiden, ob ihr zusammen bleibt oder jeder seiner Wege geht. Karmische Seelenpartnerschaften sind rein über das Karma miteinander verbunden. Ihr gehört höchstwahrscheinlich nicht zur gleichen Seelenfamilie. Die innere Verbundenheit ist nicht sehr stark zu spüren, dafür die magische Anziehung, die dafür sorgt, dass ihr euch der karmischen Botschaft annehmt und diese nun endlich auflöst.

Projektbezogene Seelenpartnerschaften dienen einer bestimmten Lebensaufgabe. Ihr habt beschlossen, bevor ihr ins Leben kamt, gemeinsam an einer höheren Aufgabe beteiligt zu sein. Dazu müsst ihr im Leben eure

Seelenpartnerschaft anerkennen, zusammen leben und eventuell sogar heiraten. Sobald sich das Projekt erfüllt hat, könnt ihr entscheiden, ob ihr zusammen bleibt oder eigene Wege verfolgt.

Projektbezogene Seelenpartnerschaften finden meistens mit Menschen aus der gleichen Seelenfamilie statt. Innerhalb der Seelenfamilie seid ihr alle sehr eng miteinander verbunden. Oft ist das Gefühl von Seelengeschwisterschaft sehr stark. Ihr seht und erkennt in dem anderen einen wahren Herzensbruder oder eine Herzensschwester. Trotzdem ist es möglich, mit diesem Seelenpartner auch eine sexuelle Verbindung einzugehen. Euch verbinden aber vor allem spirituelle Bande. Das heißt nicht, dass die Sexualität nicht erfüllend gelebt werden kann. Oft findet sie die Vollkommenheit deshalb, weil die anderen Bande ebenso aktiv wahrgenommen werden können. Mit einem Partner, mit dem du dich ganzheitlich auf allen Ebenen verbunden fühlst, ist die körperliche Liebe eine heilige Begegnung.

Mit magisch anziehenden, meist karmischen Seelenpartnern verbindet dich oft nur ein einziges Band, das fast immer das sexuelle ist. Praktisch bedeutet das, dass ihr euch sexuell sehr anziehend findet, aber sonst nicht viel miteinander anfangen könnt. Manchmal seid ihr so verschieden, dass ihr nicht einmal miteinander reden könnt. Oder ihr habt so unterschiedliche Interessen, dass ihr aneinander vorbei lebt. Das sexuelle Band sorgt dafür, dass ihr zusammen bleibt und die karmische Botschaft zur Erlösung bringt.

Es kommt auch vor, dass karmische zugleich projektbezogene Seelenpartner sind. Zwei Bande verbinden euch dann. Zum einen das sexuelle, zum anderen ein Band, das euch das Projekt miteinander gestalten lässt.

Solche Partnerschaften haben gute Chancen, im Alltag länger „haltbar" zu sein, wenn ihr es versteht, eure sonstige „Sprachlosigkeit" und die vielen unverstandenen Ebenen innerhalb eurer Beziehung mit Liebe auszugleichen. Ihr arbeitet an eurem Karma, befriedigt miteinander eure Grundbedürfnisse, was die körperliche Seite des Lebens anbelangt, und arbeitet gemeinsam an einem Projekt. Mit viel Toleranz und Liebe könnt ihr es schaffen, auch nach Erlösung des Karmas zusammenzubleiben, wenn ihr es wollt und das Projekt zum Wohl aller ist.

Alle Seelenpartner begegnen sich immer wieder durch die verschiedenen Leben hindurch. Man erkennt sich auch meistens als solche und spürt die verschiedenen Bande der Verbundenheit. Entweder ist es das magische Anziehungsgefühl, das euch durchdringt, wenn ihr einander begegnet, oder die himmlische Vertrautheit, den anderen schon seit ewigen Zeiten zu kennen.

Alle Partnerschaften, die du eingehst, können sehr erfüllend und schön sein. Es ist nicht gesagt, dass nur die Dualseelenpartnerschaft Vollkommenheit und Erfüllung schenkt. Genieße deine Partnerschaft, sei eine Liebender/ eine Liebende und bringe Liebe in die Welt.

Ich bin dankbar für alle menschlichen Begegnungen.
Jeder Mensch ist ein Licht für mich
und erleuchtet mich so,
wie ich ihn erleuchte.
Aus der Einheit heraus sind wir alle
miteinander verbunden.
Wir sind alle Gottes Traumgestalten.
Gott träumt uns alle.
Wir sind Gottes Schöpfung.
Wir sind Gott.
Wir sind.
Ich bin ich.
Ich bin.
Ich bin in dir, in mir, in Gott.

Die Partnerschaftskonstellation der Dualseelen

Wenn es deine Bestimmung ist, dir deiner Dualseele bewusst zu sein und sie zu erkennen, kannst du davon ausgehen, dass ihr euch innerhalb einer Partnerschaftskonstellation begegnet.

Doch es gibt auch andere Konstellationen. Zum Beispiel, dass ihr als Geschwister geboren werdet, als Vater und Tochter oder als Mutter und Sohn. Oder ihr seid altersmäßig so weit auseinander, dass keine normale Partnerschaft möglich ist. In diesem Fall ist es nicht vorgesehen, dass ihr euch erkennt und das Thema Dualseele in eurem Leben präsent ist.

Da du aber dieses Buch in Händen hältst und dich mit der Thematik auseinandersetzt, kannst du davon ausgehen, dass für dich eine Partnerschaftskonstellation vorliegt.

Für alle anderen gilt: Wer sich nicht für das Thema interessiert, wird im Augenblick damit auch nicht konfrontiert. Wer sich niemals während seines Lebens damit auseinandersetzt, für den sind andere Lebensaufgaben wichtiger. Umso wahrscheinlicher ist es, dass seine Dualseele in einer Nicht-Partnerschaftskonstellation existiert oder nicht inkarniert ist. Ihr habt das für dieses Leben gemeinsam kreiert, und das ist in Ordnung.

Dann wiederum gibt es Menschen, die sich sehr nahe stehen und wissen, dass sie nicht zusammenkommen können, weil sie in einem „unmöglichen Verwandtschaftsverhältnis“ zueinander stehen. Sie spüren nur, dass sie etwas Tiefes verbindet, das manchmal sehr schmerzhaft ist und mit Verletzungen und Schuldgefühlen einhergeht. Oft steckt dahinter eine Dualseelenpartnerschaft, die aber in diesem Leben kein Thema ist, weil der eine zum Beispiel die Mutter des anderen ist oder weil sie Geschwister sind. Ein Gefühl der Unerfülltheit bleibt trotzdem zurück. Manchmal sogar Schuldgefühle, weil man sich zu einem Verwandten so sehr hingezogen fühlt und weiß, dass es nicht sein darf.

Sollte dies auf einen Menschen zutreffen, den du kennst und der irgendwie darunter leidet, dass er aus seiner Sicht „eigenartige“ Gefühle für einen seiner Verwandten hegt, dann verurteile ihn nicht. Erzähle ihm von der Liebe ansich und dass alle Seelen auf irgendeine Weise miteinander verbunden sind. Für ihn gibt es wunderbare Seelenpartnerschaften, mit denen er den Himmel auf Erden erleben kann.

Da er nichts von Dualseelen weiß, erzähle ihm auch nichts davon. Es würde sein Herz nur unnötig schwer machen. Es liegt nicht in seiner Bestimmung, seine Dualseele bewusst zu erkennen. Also greife in nichts ein. Lass ihn in Ruhe, damit er seiner Bestimmung folgen kann.

Die bewusste Sehnsucht nach der Dualseele liegt immer dann vor, wenn eine Partnerkonstellation vorliegt. Es heißt, dass in der letzten Inkarnation die Dualseelenpartnerschaft endlich wirklich gelebt werden, was nur bedingt richtig ist. Dualseelen begegnen sich immer wieder als Partner. Sie haben schon unzählige glückliche Partnerschaften in verschiedenen Leben miteinander verbracht, waren sich ihrer Dualseelenpartnerschaft aber nicht bewusst. Der Knackpunkt ist die Bewusstheit. Nun haben alle die Möglichkeit, nicht nur eine innige, schöne Partnerschaft, sondern eine bewusste Dualseelenpartnerschaft zu erleben.

Ein weiterer Punkt ist, dass die Dualseelenpartnerschaft eine neue Heilenergie zur Entfaltung bringt. Wenn sich Dualseelen als solche erkennen, dann nicht zu ihrem eigenen Vergnügen, sondern im Auftrag für das Wohl der Schöpfung. Das Erkennen ist eingebettet in eine göttliche, heilige Aufgabe. Jetzt ist die Zeit, sich dieser Aufgabe bewusst zu werden.

Dualseelen-Partnerschaftskonstellationen sind nicht unbedingt an die klassische Mann-Frau-Beziehung gebunden. Sie können jederzeit auch homosexuelle und lesbische Partnerschaften kennzeichnen. Oder auch innige Freundschaften zwischen Frauen oder zwischen Männern. Die innige Verbundenheit wird dann ohne die Komponente Sexualität gelebt. Das vereinte Seelenlicht der Dualseelen wird zwar in einen positiven und einen negativen Teil getrennt und zeigt die Existenz der Dualität auf, die alle Ebenen des Seins betrifft, die feinstoffliche wie die grobstoffliche. Aber das heißt nicht, dass diese Polarität stets bestimmten Geschlechtern zugeordnet werden kann. Im grobstofflich irdischen Leben sind stets alle Konstellationen möglich, doch meistens sind die Dualseelenpaare vor zu viel Erkenntnis und Wissen geschützt, damit sie innerliche nicht zerbrechen. Wenn du dir bewusst bist, dass du eine Dualseele hast, dann liegt auch meistens die Möglichkeit einer Partnerschaftskonstellation für dich vor – als homosexuelles, heterosexuelles oder platonisches Liebespaar.

☆☆☆

Ich bin ein Liebender/eine Liebende.
Bereit für das Erkennen meiner Dualseele.
Bereit für eine Partnerschaft mit meiner Dualseele.
Im Auftrag der göttlichen Schöpfung.
Zum Wohl aller.
Ich bin bereit, die heilige Aufgabe,
die unserer Dualseelenverbindung entspringt,
anzunehmen
und mit Liebe und Freude ins Dasein zu tragen,
um Liebe zu entfachen.
Aus unserer Dualseelenpartnerschaft
erwachsen Licht und Liebe,
eine heilige, heilende Strahlkraft,
voller Wunder und Glückseligkeit
für die gesamte Schöpfung.
Ich gebe mich hin, um Gottes Willen
durch mein Dasein, meine Liebe
und meine Partnerschaft mit meiner Dualseele
in die Welt zu tragen.

Die Einheit mit dir

Als Mensch bist du einzigartig. Es gibt dich nur ein einziges Mal auf der Welt, im irdischen, grobstofflichen Gefüge. Deshalb achte, respektiere und liebe dich.

Wenn du dich als Ganzes erlebst, bist du mit dir im Reinen. Du ruhst in dir und bist in Harmonie und im Gleichgewicht mit dir und deiner Umwelt.

Dass dies eine Tatsache ist, wissen die meisten Menschen, doch viele spüren es nicht. Wenn sie morgens in den Spiegel blicken, lieben sie sich nicht, sondern haben etwas an sich auszusetzen und fühlen sich klein und nichtig.

Das Gefühl der Selbstliebe ist nicht immer ausreichend vorhanden. Viele sind enttäuscht von sich, weil es ihnen nicht gelingt, ein Gefühl der fließenden Liebe für sich aufzubringen. Alle anderen Gefühle sind stärker, vor allem solche, die klein und schwach machen. Man fühlt sich nicht gut genug, nicht geliebt genug, nicht kompetent genug, nicht klug oder schön genug, nicht reich oder nicht wertvoll genug.

Es gibt immer jemanden oder etwas, mit dem man sich vergleichen kann. Der Vergleich ist das Abbild der Dualität. Fülle und Mangel existieren gleichzeitig als Gegensatz in der irdischen Dualität.

Die Liste könnte ewig fortgesetzt werden. Es herrscht ein permanent gefühlter Mangel. Und man vergleicht sich mit allen anderen, die – anscheinend – besser, schöner, klüger, kompetenter, erfüllter, reicher usw. sind. Der Witz dabei ist, dass andere uns immer wieder sagen können, wie toll und gut wir sind, wie sehr wir geliebt werden, wie kompetent und innerlich reich wir sind – es ist dennoch nie genug. Es ist wie ein Hunger nach Vollendung, nach Vollkommenheit, nach Erfüllung, der stets wieder den Mangel fühlbar macht – wie ein schwarzes Loch, das alles verschlingt.

Du weißt um die Fülle! Um deine Fülle! Du weißt um die innere Fülle, um die Vollendung, um die Göttlichkeit! Aber du fühlst es nicht oder nur ganz selten.

Und dieses Nicht-fühlen-Können ist manchmal das Schlimmste.

In dem Moment, in dem dir bewusst ist, dass du nie genug bekommst und dich dieser gefühlte Mangel klein und schwach macht und von deiner eigenen lichtvollen Größe und der Selbstliebe abhält, werde aktiv!

Denn es reicht nicht zu wissen, dass du ein Kind Gottes bist, du musst es erleben! Es reicht auch nicht, dass dir andere von außen sagen, wie sehr sie dich lieben und dir immer wieder ihre Aufmerksamkeit, Liebe und Zuneigung schenken. Nein, du musst es selbst erleben! Erleben heißt: leben im Irdischen. Du bist die Erfahrung Gottes. Gottes Traum. Es ist ein schöpferischer Traum, ein erlebter Traum. Ein Erleben. Und dieses Erleben geht nur, wenn du selbst ein Liebender/eine Liebende wirst.

Die Selbstaktion ist der einzige Weg zur Selbstliebe.

Beginne zu lieben: deine Dualseele, alles und jeden – die gesamte Schöpfung!

Solltest du zu den Menschen gehören, denen es schwerfällt, sich selbst zu lieben, wende dich ab von jeglichem krampfhaften Bemühen. Die Selbstliebe beginnt dann in dir zu leuchten, wenn du aktiv und ein Liebender wirst. Dann kannst du aufatmen, weil das Abmühen ein Ende hat. Stattdessen liebst du. Du lässt Liebe fließen und erzeugst dadurch wunderbare Gefühle in dir.

Im Lieben findest du den Weg zurück zu dir. Der einfachste Weg der Liebe ist die Liebe zur Dualseele. Über sie kannst du auch für dich Heilkraft entfalten. Es entstehen in dir Gefühle der Schönheit, der Einheit, der Vollkommenheit, der Vollendung, die sich in dir spiegeln und in dich hineinfließen, um zur Selbstliebe zu werden.

Du sendest Liebe aus und erlebst sie, um sie dann in dir wiederzufinden. Und nun – aus dem Gefühl der Liebe heraus – siehst du dich und alles und jeden auf der Welt mit anderen Augen.

Du wirst zu einem Sehenden, der mit dem liebenden Herzen sieht.

Du wirst zu einem Fühlenden, der mit dem liebenden Herzen fühlt.

Du wirst zu einem Hörenden, der mit dem liebenden Herzen hört.

Im Fluss der schenkenden Liebe kannst du dich mühelos selbst lieben. Es wird einfach geschehen.

Du bist der Schöpfer. Erschaffe Liebe. Mache dich damit vertraut, zu lieben. Lenke deine liebende Aufmerksamkeit weg von dir und deinen Bemühungen, hin zur – scheinbaren – Außenwelt (sie ist nur scheinbar außen, weil alles eins ist, du dies aber als Mensch nicht oder nur bedingt fühlen kannst).

Wie geht lieben? Wie macht man das?

Lenke deine Aufmerksamkeit auf das, was du lieben willst. Gib deine Energie dorthin. Sende sie gezielt auf das scheinbar Abgetrennte von dir. Gib dein ganzes Sein dorthin. Fließe mit allem dort hinein, werde eins in Freude. Mache dich vertraut und stelle einen Bezug her. Das ist fließende Liebe.

Sobald du einen Bezug hergestellt hast, wird das Gefühl der Fremdheit und Abtrennung verschwinden. Widme dem, was du lieben willst, Zeit, dann wird es allmählich vertraut und bekannt. Du beginnst, es zu mögen, es zu verstehen, ihm deine Zuneigung zu schenken und schließlich deine Liebe. Alle diese Empfindungen wirst du spüren. Es wird sich gut anfühlen und weitere wohlige Gefühle in dir auslösen. Du wirst schließlich ganz und gar Liebe empfinden. Und diese Liebe wird sich in dir selbst spiegeln. Sie wird auf dich zurückkommen, zu dir zurückfinden, dich erfüllen und in dir die Selbstliebe entfachen.

Ein einfacher Weg, um einen Bezug zu etwas oder jemandem herzustellen, ist die direkte Kommunikation. Beginne mit allem und jedem zu sprechen. Betrachte alles und jedes als dein Liebstes.

Für mich zum Beispiel ist alles „mein Baby“. Ob dies meine Familie ist, meine Klienten, meine Pflanzen, meine Kleider, meine Geldscheine, meine Küchengeräte…

So spreche ich auch zu jedem und allem: Ja, du Süßes, du bist Mamas kleiner Schatz…(bei meinen Klienten mache ich dies natürlich nicht ganz auf die kindliche Art und Weise, aber dennoch wie eine liebende Mutter). Und ich berühre die Dinge und Menschen auch. Sprache und Berührung sind die Mittel der Kommunikation im Irdischen. Sie sind die Brücken von Seele zu Seele.

So einfach geht es auch mit deiner Dualseele. Wenn du deine Dualseele liebst, liebst du automatisch auch dich. Wie du das genau machst, erfährst du hier, denn du lernst, dich mit deiner Dualseele auf der geistig-seelischen Ebene zu vereinen. Dies ist die kreative Aktion der fließenden Liebe, die schönste und einfachste. Indem du die Vereinigung der Liebe innerhalb zweier Seelenteile (dir und deiner Dualseele) erschaffst, die sowieso schon eins sind, wirst du zu einem Liebenden in eigener Sache und gleichzeitig zum Wohl für alles und jeden, für die gesamte Schöpfung.

☆☆☆

Ja, ich bin ein Liebender/eine Liebende.
Ich verströme Liebe.
Ich liebe
und baue zu allem und jedem eine Beziehung auf,
indem ich meine Aufmerksamkeit hinfließen lasse.
Indem ich mich vertraut mache.
Indem ich kommuniziere.
Indem ich berühre.
Ich freue mich darauf, zu lieben.
Liebe ist mein Dasein.
Liebe ist meine Lebendigkeit.
Ich bin Liebe.

Die Heilkraft der Dualseelenenergie

Es liegt etwas Besonderes in der Verbindung der Dualseelen. Sobald dir bewusst ist, dass du eine Dualseele hast, kannst du diese Heilkraft entfalten. Es ist nicht nötig, dazu deine Dualseele in einem anderen Menschen zu erkennen. Das ist die gute Nachricht.

Es reicht einzig deine Bewusstheit, dass du eine Dualseele hast. Merke dir diesen Satz! Spüre tief in diese Tatsache herein. Du hast eine Dualseele. Egal, wer sie ist, ob sie inkarniert ist oder nicht.

Nun kannst du dich mit deiner Dualseele verbinden. Geistig-seelisch und bewusst. Du kannst dich selbst heilen, dich wieder ganz fühlen, Selbstliebe empfinden, deine Dualseele und die ganze Schöpfung heilen. Sobald dir diese Verbundenheit und Verschmelzung bewusst sind, kannst du mit dieser gebündelten Energie wirken. Das heißt, dass eure vereinte Energie eine enorme Strahlkraft entwickelt, die ein riesiges Potenzial zur Heilung für dich und den gesamten Planeten zur Verfügung stellt.

Im vereinten Zustand werdet ihr eine Kraft aussenden, die von bewussten Menschen wahrgenommen werden kann und die alle mehr oder weniger spüren werden. Jeder wird wissen, dass hier etwas Besonderes geschieht.

Deshalb nimm dir Zeit, immer wieder bewusst diese Vereinigung anzustreben und dann aus dem vereinten Zustand heraus zum Wohl aller zu handeln.

Nimm dir bitte wirklich diese Zeit! Es ist wichtig für dich, für die gesamte Menschheit und unser Universum.

Deine Energie und die deiner Dualseele erfahren eine enorme Wirkkraft, die mit nichts zu vergleichen ist. Du und deine Dualseele sorgt für die Verschmelzung und Einheit, auch wenn ihr als Menschen getrennt voneinander agiert und lebt. Es ist auch nicht nötig, dass jeder von euch um die Einheit weiß. Dass du es weißt, reicht völlig aus.

Du weißt, dass du mit deiner Dualseele eins bist. Das genügt, um Heilkraft zu entfalten.

Du weißt, dass du die Einheit auf geistig-seelischer Ebene bewusst herbeiführen und für einige irdische Augenblicke aufrechterhalten kannst. Dieses Können ist dir gegeben. Vertraue darauf, dass du es kannst. Du bist die gelebte liebende Schöpferkraft. Du bist ein Liebender/eine Liebende.

Die endgültige Verschmelzung wird erst in der Geistigen Welt geschehen, denn so lange du einen menschlichen Körper hast, kannst du nur für eine gewisse Zeit dein Bewusstsein auf die geistig-seelische Einheit ausrichten. Körperliche Einheit gibt es sowieso nicht, auch wenn es möglich ist, über den Körper ins Geistig-Seelische zu gelangen.

Da du aber meistens an dem Punkt bist, an dem du deine Dualseele (noch) nicht erkannt hast und nicht weißt, wer sie ist, fällt der körperliche Aspekt sowieso weg.

Die Einheit findet geistig-seelisch statt und wird alleine von deiner Bewusstheit und Liebe ausgelöst und getragen. Das ist völlig in Ordnung. Es gibt keinerlei Vorbehalte, dich mit deiner Dualseele geistig-seelisch zu verbinden. Du „störst“ den Seelenanteil deiner Dualseele nicht und greifst auch nicht ins geistig-seelische oder irdische Gefüge ein. Du und deine Dualseele, ihr seid sowieso zwei Teile eines Ganzen. Auf der geistig-seelischen Ebene bringst du aus deinem irdischen Empfinden heraus diese (vermeintlich getrennten) Teile für eine gewisse Zeit zusammen, so lange deine Aufmerksamkeit bewusst ist. Die Einheit, die ihr sowieso seid, ist dir dann bewusst. Das ist schon alles. Du beeinflusst dabei in keinster Weise das menschliche Leben deiner Dualseele auf eine negative Art und Weise. Im Gegenteil: Du sorgst für heilende Impulse bei dir und deiner Dualseele.

☆☆☆

Ich lege meinen Fokus auf die Einheit,
die wir sind.
Du, geliebte Dualseele,
und ich,
wir sind die Einheit.
Wir sind die schöpferische Liebeskraft.
Wir sind die strömende, heilige Heilkraft.
Wir sind Gottes Einheit schöpferischer Liebe.

Wie du dich mit deiner Dualseele verbindest

Du weißt, dass du eine Dualseele hast. Irgendwo da draußen in der Welt, in einem menschlichen Körper inkarniert oder in der Geistigen Welt weilend. Vielleicht hast du deine Dualseele auch in einem Menschen erkannt. Wie auch immer, du kannst dich jederzeit mit deiner Dualseele geistig-seelisch verbinden und diese Einheit für viele große oder kleine Momente aufrechterhalten.

Du benötigst dazu anfangs Zeit für dich. Später kannst du überall und zu jeder Zeit Verbindung und Einheit herstellen, sei es während der Arbeit, im Haushalt, beim Einkaufen, im Zug, beim Fernsehen oder bei jeder anderen Tätigkeit und zu jeder Tages- und Nachtzeit.

Besonders schön ist es, wenn sich beide Dualseelen bewusst verbinden, weil sie sich erkannt und ihre Aufgabe als Mensch angenommen haben. Das ist der Himmel auf Erden! Beide wissen, erleben, spüren es. Wo auch immer sie auf der Welt sind, ihnen ist es bewusst, wenn sie es tun, auch wenn Zeit und Raum sie trennen. Und sie werden wissen, dass sie es wissen.

Noch inniger ist es, wenn die räumliche und zeitliche Distanz wegfällt, wenn sie sich zum Beispiel dabei gegenübersitzen oder sich sogar körperlich lieben. Dann sind sie ganz präsent, total verschmolzen, und können für kurze Augenblicke geistige, seelische und körperliche Einheit erleben. Das ist der Idealfall.

Jeder Akt der Verbundenheit ist schön und bewirkt Heilkraft. Deshalb gewöhne dich daran, diesen Weg einzuschlagen. Es mag anfangs ein wenig abstrakt sein, dich bewusst mit deiner Dualseele zu verbinden, wenn du nicht weißt, wer sie, also welche Person sie ist. Du hast keinerlei bildliche Anhaltspunkte, es sei denn, du hast sie schon in einem Menschen erkannt.

Verlasse dich hier auf dein Gefühl. Vertraue darauf, dass du alles richtig machst und alles so geschieht, wie es für dich gut ist. Du kannst nichts falsch machen. Bei der Verschmelzung sind das Spüren, Fühlen und die Vorstellungskraft die tragenden Elemente. Alles andere ist reine Erfahrung. Je öfter du das Verschmelzungsritual anwendest, desto leichter wird es dir fallen, die Verschmelzung mit allen Sinnen, auch körperlich, zu spüren und zu erleben.

Hab Vertrauen. Du kannst es!

Und nun erfahre das Verschmelzungsritual.

☆☆☆

Verschmelzungsritual

Setze dich bequem hin und schließe die Augen. Wenn du meditative Klänge benötigst, um dich besser entspannen zu können, lass leise Musik laufen. Benötigst du die Stille, sorge für die nötige Ruhe.

Entspanne dich und atme einige Male tief ein und aus. Spüre, wie du zur Ruhe findest und wie unwichtig dein Alltag ist. Jetzt geht es nur um dich und deine Dualseele.

Du wirst von Engeln beschützt. Nichts kann dir geschehen. In aller Ruhe und voller Freude kannst du dich mit deiner Dualseele vereinen.

Bist du bereit, dich mit deiner Dualseele geistig-seelisch zu vereinen? Spüre in dich und sag innerlich: „Ja, ich will.“ Dann stell dir vor, wie sich dein inneres Herz öffnet. Wie eine Blüte entfaltet es seine Blütenblätter und wird weit und offen. Dein Herz ist gut beschützt. Es kann ihm nichts passieren in diesem weit geöffneten Zustand. Die Engel wachen und halten ihre Flügel über dich. Nun rufe deine Dualseele zu dir.

Spüre, wie sich alle deine Körperzellen öffnen. Die Energie deiner Dualseele kann nun tief in dich hineinfließen. Diese Energie fühlt sich wie ein Fluss an. Stell sie dir vor wie fließenden Strom. Welche Eigenschaften soll diese Energie noch für dich haben? Soll sie prickelnd sein und warm, pulsierend oder gleitend? Soll sie sanft durch dich strömen oder mit hitziger Kraft?

Es geschieht genau das, was du dir wünschst. Die Energie deiner Dualseele wird von dir so gespürt, wie es für dich schön und angenehm ist. Wie soll sie sich also für dich anfühlen?

Spüre in dich und lass die Energie deiner Dualseele durch dich hindurchfließen.

Lass es zu, dass ihr eins seid! Lass es geschehen, dass sich die Energie deiner Dualseele ganz und gar in dir ausbreitet und dich voll erfüllt.

Spüre hinein und nimm das Fließen wahr. Ist es wie ein Kribbeln im ganzen Körper, oder eher wie ein Strömen?

Ihr durchströmt euch in absoluter Vollkommenheit und Erfüllung. Und in tiefer Liebe. Nun sieh mit deinen inneren Augen, wie eure Energie strahlt. Eure Einheit ist strahlend. Es ist ein wunderschönes Licht, klar und rein, in den Farben deiner Wahl. Sieh diese wunderbaren Strahlen der Liebe, die euch durchdringen. Fühle die Liebe, dieses ekstatische Gefühl der Einheit mit allem und jedem. Alles ist eins. Jetzt.

Bist du bereit, dich der Verschmelzung ganz hinzugeben? Wenn ja, dann sag innerlich: „Ja, ich will.“

Stell dir nun vor, wie ihr euch miteinander auflöst und ganz ineinanderfließt. Es ist ein Gefühl der puren Hingabe. Alle deine Begrenzungen lösen sich auf – alle zeitlichen, räumlichen, körperlichen, geistigen und seelischen. Es gibt nur noch die Einheit in Ewigkeit und Unendlichkeit. In diesem Moment bist du eins mit deiner Dualseele und auch mit allem Lebendigen, mit dem Universum und mit Gott. Es gibt nur noch reine Energie.

Wie fühlt sich das an?

Erlebe ekstatische Freude, pulsierendes Vibrieren im ganzen Körper, pure Strahlkraft, absolute Fülle, Heilung, Ganzheit, Vollkommenheit, Erfüllung.

Lass dich durchströmen. Ströme selbst. Spüre Gott in dir und in allem.

Ewigkeit, Ewigkeit, Ewigkeit...

Unendlichkeit, Unendlichkeit, Unendlichkeit...

Jetzt!

Verweile in diesem Augenblick der völligen Aufgelöstheit.

Es kann sich anfühlen, als ob du vor lauter Glück und Seligkeit gleich platzen möchtest.

Hältst du es noch aus?

Fühle dich schweben. Du bist eins mit deiner Dualseele und mit Gott.

Koste diese Augenblicke aus. Genieße sie. Sieh dich als Einheit. Nichts anderes ist mehr wichtig. Du bist frei, eins, lebendig, glücklich und strahlend.

Genieße...

Nun wird es Zeit, wieder in deinen Körper zurückzufinden.

Bedanke dich bei deiner Dualseele für diese Erfahrung. Spüre, wie jeder wieder zu sich zurückfindet. Deine Körperzellen schließen sich langsam. Dein Herz legt seine Blütenblätter wieder zusammen und wird zu einer strahlenden Knospe. Du kommst ganz bei dir an.

Bist du bereit, zu dir zurückzufinden? Es ist wichtig, dass du ganz bei dir ankommst. Sag innerlich: „Ja, ich will.“

Nun bist du wieder ganz bei dir. Atme einige Male tief ein und aus. Öffne die Augen und bedanke dich für den Schutz der Engel und die wunderbare Einheit mit der Energie deiner Dualseele. Danke deiner Dualseele. Sende ihr einen Herzensstrahl voller Liebe.

Atme und bewege dich, steh auf, strecke deinen Körper und trinke ein Glas Wasser!

☆☆☆

Schön ist es, wenn du dieses Erlebnis in der freien Natur erfahren kannst. Im Wald auf einer Lichtung, in deinem Rosengarten, auf der Terrasse oder auf dem Balkon, im Park, auf einer Bank sitzend, oder beim Spazierengehen.

Nimm dir einmal täglich Zeit für die Verschmelzung mit deiner Dualseele. Je nachdem, wie viel Zeit du hast, zwischen zehn Minuten und einer halben Stunde.

Mache dir dennoch bewusst, dass du jederzeit wieder zu dir zurückkehrst. Es mag verlockend sein, in diesem himmlischen Zustand der Ganzheit zu verweilen, dich eins mit deiner Dualseele und mit Gott zu fühlen, sodass du ungern in deinen menschlichen, irdischen Alltag zurückkehrst.

Aber dafür bist du geboren! Um dich hier zu bewähren, dich zu erleben, in der Dualität du selbst zu sein und die daraus resultierenden Herausforderungen zu meistern. Du gibst deinem Leben erst dann Sinn, wenn du dein irdisches Leben liebst. Liebe dein Dasein. Und dazu gehört nun einmal, dass du dich als ein menschliches Einzelwesen erfährst.

Empfinde es als Privileg und Stärke, ein Individuum zu sein, einzigartig und kostbar. Kehre deshalb nach jedem Verschmelzungsakt ganz zu dir zurück.

Als Mensch ist es dir nicht gegeben, ganz in der seelisch-geistigen Ebene zu verweilen, sonst hättest du nicht inkarnieren müssen. Deshalb genieße diese Augenblicke der bewussten Einheit, aber kehre nach gegebener Zeit wieder zu dir zurück.

Wenn dir das Verschmelzungsritual am Anfang schwerfällt, weil du nichts spürst, wende es dennoch immer wieder an. Es kann gut sein, dass du über andere Wahrnehmungskanäle diese sinnliche Erfahrung erlebst. Vielleicht ist das Einssein mit deiner Dualseele wie besonders schöne Musik. Dann hörst du Klänge, Lieder oder Töne. Oder du siehst innere Bilder, nimmst Gerüche wahr, bekommst Farbimpressionen und lichtvolle Visionen gesandt. Eventuell läuft das Verschmelzungsritual wie ein Kinofilm in dir ab, und du bist der Beobachter. Oder du bist Beobachter und Mitspieler zugleich. Vielleicht nimmt dein Körper eigenartige Eindrücke wahr, zum Beispiel Kälte oder Wärme. Oder es juckt plötzlich überall. Du bekommst eine Gänsehaut oder erlebst eine Berührung, als ob dich jemand in den Arm nimmt.

Alles ist möglich!

Achte auf alle Eindrücke, Empfindungen und Wahrnehmungen.

Alles ist richtig! Es gibt nichts Falsches. So, wie du es im Augenblick erlebst, ist es in Ordnung.

Dein Erleben kann sich dennoch verändern. Deine Sinne werden mit der Zeit feiner wahrnehmen können. Du wirst Schritt für Schritt hineinwachsen, so, wie es für dich richtig und gut ist.

Die Dualseelenhochzeit

Die Dualseelenhochzeit ist die himmlische Hochzeit für das Band der Liebe, das im Himmel für Dualseelen geschlossen wurde, die sowieso ein Ganzes sind. Wie es schon in der Bibel heißt: Was Gott zusammengefügt hat, soll der Mensch nicht trennen.

Geistig-seelisch kannst du die Hochzeit mit deiner Dualseele während der Meditation und Visualisierung erleben. Es kann sogar sein, dass du dazu automatisch innere Bilder und Visionen erhältst und dir gar nichts vorstellen musst. Diese Visionen sind ein natürlicher Ausdruck für die Verbundenheit und Einheit mit deiner Dualseele.

Sie sind auch Zeichen dafür, dass du deine Dualseele in einem Menschen erkannt hast. Dann kommt die Bestätigung oft wie ein „innerer Film" zu dir, und du erlebst diese himmlische Vereinigung wie eine richtige Hochzeit.

Ob du deine Dualseele in einem Menschen erkannt hast oder nicht spielt für das Erleben der Dualseelenhochzeit keine Rolle.

☆☆☆

Hochzeitsritual

Nimm dir Zeit, entspanne dich, lege nach Bedarf Musik auf und atme einige Male tief ein und aus.

Nun stell dir eine himmlische Hochzeitszeremonie vor. Das kann im Himmel auf wunderschönen Wolken geschehen oder an einem Ort deiner Wahl: an einem Strand am türkisblauen Meer, in einer kleinen Kapelle, auf einer grünen Lichtung, im Wald unter Bäumen, in einem Park, auf einem Berggipfel, auf den Klippen, in einem Pavillon usw.

Du und deine Dualseele werden dabei an einen himmlischen Altar geführt. Ihr seid von Engeln umgeben und werdet durch die Christuskraft wieder vereint. Ihr strahlt in einem weißen, reinen Licht und lasst das göttliche Licht durch euch scheinen. Ihr strahlt. Ihr strahlt so sehr! Alles an euch ist in schimmerndes, weißes Licht getaucht. Selbst aus euren Fingerspitzen strahlt das Licht der Liebe, der Einheit und Göttlichkeit. Alles an euch strahlt. Ihr reicht euch feierlich die Hände, erlebt und seht, wie euer Strahlen noch größer, inniger, leuchtender wird. Eure Strahlkraft potenziert sich auf ein Vielfaches.

Nun könnt ihr diese auch körperlich fühlen. Ein ekstatisches Fließen durchdringt euch.

Spürt nun, wie eure Herzen im selben Rhythmus schlagen. Ihr seid spirituell eins: ein Licht, ein Klang, ein Atemzug, ein Strahlen, ein Herz, eine Seele, ein Leib, ein Sein. Ihr seid komplett in eurer Verbundenheit. Ihr seid vollkommen. Ihr seid vollendet. Aus eurem Dasein fließt die Schönheit der Schöpfung in herrlicher und himmlischer Weise. Euer Herzensklang fließt ineinander über. Aus ihm erhebt sich eine weiße Taube als Symbol für den heiligen Geist. Eure Verbundenheit, eure Einheit, eure Hochzeit ist heilig und gesegnet.

Sprecht nun miteinander:
„Gott segnet unsere Verbundenheit.
Wir segnen einander.
Wir danken für unsere Einheit, wir sind eins.
Wir sind gesegnet und empfangen die Einheit im Himmel, wie auch auf Erden.
Möge unsere Einheit der göttlichen Vollkommenheit dienen.
Möge unsere Strahlkraft voller Liebe sein und alle Dimensionen durchdringen.
Möge unsere Strahlkraft ihr volles Potenzial entfalten.
Möge uns unser Einssein für alle Ewigkeit bewusst sein.
Möge unsere Liebe zur Heilkraft werden zum Wohl aller.
Wir nehmen unsere gemeinsame Lebensaufgabe an, der göttlichen Schöpfung unsere Liebe zum Wohl aller darzubringen.
So sei es.“

Nun werdet ihr gesegnet.

Gott erstrahlt in euch als reines Bewusstsein und wirkt in euch als Segen. Sein Segen ist stets bei euch. Fühlt es, erlebt es. Hört den himmlischen Klang dazu. Seht die himmlischen Farben des Regenbogens, das strahlende, klare Licht Gottes. Jesus Christus, alle himmlischen Helfer, Engel, Boten und feinstofflichen Seelenenergien segnen euch mit der göttlichen Liebe und Gottes Heilkraft und begleiten euch gemeinsam zurück ins irdische Leben. Eure Verbindung ist wie ein heiliges Gebet, von Gott gewollt und euch bewusst gemacht, damit ihr im Irdischen gemeinsam Heilkraft entfalten könnt.

Fühle noch einmal in diese wunderbare himmlische und heilige Hochzeit hinein. Du bist eins mit deiner Dualseele. Ihr seid vermählt auf ewige Zeiten, um Gottes Liebe auszusenden.

Atme mehrere Mal tief ein und aus, bedanke dich bei Gott und den Engeln und bei deiner Dualseele und kehre wieder zurück in dein jetziges Alltagsbewusstsein. Bewege dich, trinke etwas und halte die Freude in dir wach, die eure Hochzeit in dir entstehen ließ. Erinnere dich daran, dass euch nichts und niemand trennen kann. Was Gott zusammengefügt hat, kann der Mensch nicht trennen.

Im Akt der Verschmelzung aktiv werden

Du kannst jederzeit mit deiner Dualseele verschmelzen. Je öfter du dir Zeit für das Verschmelzungsritual nimmst, desto leichter wird es dir fallen, es zu erleben. Irgendwann wirst du so weit sein, dass du dazu nicht mehr meditieren oder entspannen musst. Du wirst den Wunsch nach Einheit und Verschmelzung in deinem Inneren entstehen lassen und das Gefühl der Vereinigung sofort empfinden können.

Vielleicht fängt es sofort an zu kribbeln. Du wirst das innere Glühen empfinden, die Energie deiner Dualseele bei und in dir spüren und bewusst erleben, wie du in Verbindung mit deiner Dualseele bist. Du wirst es spüren und eventuell auch innere Bilder dazu erhalten. Vielleicht kannst du dir auch bewusst vorstellen, wie du mit deiner Dualseele vereint bist. Lass dazu deinen eigenen „Film" ablaufen. Das Drehbuch dazu schreibst du. Sei Beobachter und gleichzeitig Akteur, der mit allen Sinnen wahrnimmt.

Rufe deine Dualseele herbei. Öffne dich, um ihre Energie in dir aufzunehmen.

Und dann werde aktiv.

☆☆☆

Energiebündelungsritual

Entspanne dich, atme einige Male tief ein und aus, rufe deine Dualseele oder verschmelze mit ihr rituell. Sei bereit, öffne dich und lass zu, dass ihr geistig-seelisch vereint werdet und ineinander fließt. Dann stellst du dir vor, wie du eure vereinte Energie bündelst und ihr eine Richtung gibst. Du lenkst über deine Aufmerksamkeit eure potenzierte Strahlkraft auf ein bestimmtes Ziel, das zum Beispiel Heilung bedarf oder eine Richtungsänderung benötigt.

Strahle! Sieh dem Strahl hinterher und fühle, wie er überall dorthin fließt, wo die liebende, potenzierte Heilkraft der Vereinigung benötigt wird. Spüre sie in deinem ganzen Körper, in allen deinen Zellen. Gemeinsam sendet ihr die heilende Liebeskraft als Strahl in eine besondere Richtung.

Nun lass den Strahl dort wirken. Sieh, wie er alles zum Leuchten bringt. Wie er dunkle Stellen hell werden lässt, Blockaden und Stauungen auflöst und alles wieder lichtvoll zum Fließen bringt. Du siehst die Heilung. Du siehst die Schönheit der Schöpfung. Überall dort, wo sich euer vereinter liebender und heiliger Strahl hinbegibt, wird Heilung sichtbar, fühlbar und erfahrbar. Jetzt, sofort, zum Wohl aller, auf allen Ebenen und in allen zeitlichen Dimensionen. Für immer und ewig.

Bedanke dich bei deiner Dualseele für die vereinte Heilenergie. Atme nun noch einige Mal ein und aus und löse die Einheit wieder auf. Kehre zu dir zurück. Bewege dich, trinke Wasser und spüre dem Erlebnis hinterher, Strahlkraft zum Wohl aller ausgesandt zu haben.

Wisse, dass du während der Vereinigung mit deiner Dualseele eine enorm hohe und starke Energie aussenden kannst. Eure Kraft ist gebündelt. Ihr seid eins, aber eure heilende, liebende Strahlkraft ist um ein Vielfaches erhöht. Dieser Tatsache musst du dir stets bewusst sein.

Du kannst aus der Einheit heraus viel mehr bewirken, als wenn du alleine agierst. Gemeinsam mit deiner Dualseele bist du extrem stark und mächtig.

Begreife deine Macht stets als Willen Gottes. Wenn du eure vereinte Strahlkraft in den Dienst der göttlichen Schöpfung stellst, zum Wohl aller und dem Willen Gottes folgend, dann ist deine Macht ein Werkzeug der Gnade, des Friedens und der Liebe.

Scheue dich deshalb nicht, diese Macht anzunehmen. Sag: „Ja, ich will. „Ja, ich will meine mächtige Strahlkraft während der Vereinigung mit meiner Dualseele zum Wohl aller in die Welt tragen."

Dieselbe Macht tritt während der Hochzeit mit deiner Dualseele auf. Wenn dir die Vision mit der Hochzeit im Augenblick gängiger ist und du spürst, dass es diese Art der Verbundenheit ist, die jetzt benötigt wird, dann visualisiere eure Einheit während der Hochzeitszeremonie.

Sieh dich als ein Klang, ein Licht, ein Strahl, ein Atem, ein Leib, ein Herz, eine Seele, ein Sein. Verbunden im göttlichen, heiligen Licht. Und nun bündel wieder eure vereinte Energie. Lass einen heiligen Strahl entstehen, der aus eurem vereinten Herzen heraus strahlt und mit Hilfe der Aufmerksamkeit in eine Richtung gelenkt wird, um etwas zu heilen oder zu verändern.

Wenn es etwas zu tun gibt, das deine ganze Seelenkraft fordert, deine ganze Liebe, Achtsamkeit und Aufmerksamkeit, dann vereinige dich mit deiner Dualseelenenergie und beginne zu handeln.

Es ist wichtig, dass du handelst! Zu deinem eigenen und zum Wohl aller.

Verbleibe nicht nur zum Vergnügen in der liebenden Vereinigung mit deiner Dualseele. Sicher, wenn dir danach ist, kannst du es immer wieder tun, um dich zu erholen, nicht mehr einsam zu fühlen, Gott in dir zu spüren, Glückseligkeit zu erleben und dich zu lieben.

Die eigentliche göttliche Intention ist aber, die bewusst erlebte Einheit zur kreativen Gestaltung deines Lebens einzusetzen. Du wirst schöpferisch tätig und bringst deine Gaben in die Welt, zum Wohl aller, für den gesamten Planeten, das gesamte Universum; schlicht und ergreifend für die gesamte Schöpfung, für Alles-was-ist, war und sein wird.

Finde im Akt der Verschmelzung durch die gebündelte Strahlkraft zu deiner schöpferischen Kraft.

Das ist die Gnade Gottes. Deshalb ist es dir möglich, dich jederzeit so erfüllend, konstruktiv und kreativ mit deiner Dualseele zu vereinen: damit du Gottes Werk hier auf Erden erfüllst. Damit du Gottes Gedanken, Idee von dir hier im Leben manifestierst.

Du bist Gottes Gedanke, der Fleisch geworden ist. Du bist Gottes lichtvoller Gedankenfunken, erschaffen als Seele und aufgeteilt in zwei Dualseelenteile.

Finde im Irdischen zu deiner Seeleneinheit zurück, um deine komplette schöpferische Kraft in die Welt einzubringen: mit Kraft, Stärke und Macht im Dienst der Schöpfung.

Dazu musst du aktiv werden, um vom reinen Sein über das Erleben der Einheit in die Handlung zu kommen.

Verschmelzung mit allem und jedem

Die erlebte Einheit mit deiner Dualseele bringt dich zurück an die Quelle deiner Existenz. Du findest den Ursprung deines seelischen Seins, wenn du dich mit deiner Dualseele geistig-seelisch verbindest und mit deinen irdischen Möglichkeiten (deiner Vorstellungskraft, deinen körperlichen Empfindungen, deinen sinnlichen Wahrnehmungen, emotionalen Erfahrungen und Gefühlen) die Einheit erlebst.

Nun kannst du deine schöpferische Kraft zur Gestaltung deines Lebens voll und ganz entfalten – inniger, stärker, erfüllender als je zuvor. Du kannst das Gefühl der Selbstliebe empfinden und weiterhin ein Liebender/eine Liebende sein.

Da alles aus Gottes Geist erschaffen wurde, bist du im Grunde eins mit allem und jedem.

Daher kannst du den Akt der Verschmelzung mit allem und jedem bewusst erleben. Wenn du dich für diesen Gedanken öffnest und es ausprobierst, wirst du die wundervolle Erfahrung machen, dass du immer lichter, offener und reifer wirst. Du wirst einen besonderen Grad an Bewusstheit erfahren, der dich weise im Denken, Fühlen und Handeln sein lässt. Deine Seele wird wachsen, reifen, sich ausdehnen und entfalten. Dein Karma wird sich auflösen, du wirst ein ganz und gar Liebender für die gesamte Welt, deine Handlungen werden ausschließlich von allumfassender Liebe gekennzeichnet sein, und schließlich wirst du in das Herz Gottes einziehen, um alle Inkarnationszyklen zu beenden. Du wirst wieder eins sein mit Gott.

Einheit mit jedem und allem zu erleben ist ein Prozess. Sei bereit dafür und mache deine Erfahrungen.

Sag: „Ja, ich will mich bewusst vereinen mit ..."

Nun, mit wem oder was willst du die Einheit erleben?

Mit einem Baum, einer Blüte, einem Stein, einem Grashalm, einer Amsel, einem Fluss, einem Berg, einem Garten, einem Pferd, einem Weg, mit dem Wind, einem Strand, dem Meer...

Beginne mit der Schöpfung, die für dich angenehm ist, also mit Tieren und Pflanzen, die du magst, und Landschaften, die du liebst. Der Akt der Verschmelzung ist dann ganz einfach zu erleben.

Zugang bekommst du über die aktive Berührung. Nimm den Stein in die Hand und fühle ihn. Nimm ihn sinnlich wahr. Wie fühlt er sich an, wenn du ihn in der Hand hältst? Wie hört er sich an, wenn du mit den Fingern über ihn streichst? Wie riecht und schmeckt er? Wie sieht er aus?

Mit einem Baum, einer Blume, einem Tier, mit Sand und Holz, mit Steinen und Pflanzen kannst du wunderbar üben.

Spüre und erlebe, wie du dich vereinst. Deine Energie verbindet sich mit der fremden Energie. Ihr öffnet euch füreinander und fließt ineinander. Ihr werdet eins im Geistig-Seelischen, bevor ihr euch gegenseitig bedankt und sich jeder wieder in seine eigene Form zurückverwandelt.

Sobald du auf dieser Ebene Erfahrungen gemacht hast, wage dich an Dinge, die dir fremd oder nicht angenehm sind. Verschmelze mit ihnen aber erst, wenn du dich bereit dazu fühlst. Wenn es nicht möglich ist, lass dir Zeit, um das in dir zu heilen, was die unangenehmen Gedanken auslöst. Erst wenn du voll und ganz im Gegenüber einen Ausdruck der göttlichen Schöpfung siehst, ohne Wertung und Beurteilung, dann sag wieder: „Ja, ich will."

Unangenehm können zum Beispiel sein: Stechmücken, Motten, Spinnen, Kakteen usw.

Wenn du zu dem Schluss kommst, dass du dich „nie im Leben" mit so etwas verbinden willst, dann akzeptiere deine Entscheidung. Es ist in Ordnung. Du bist noch nicht so weit. Es ist nicht der richtige Zeitpunkt. Vielleicht kommt er auch nie in diesem Leben. Auch das ist in Ordnung. Übe mit dem weiter, was dir Freude bereitet. Eventuell wirst du eines Tages einen inneren Quantensprung erleben, und es wird dir möglich sein, alles und jeden zu lieben. Dies gilt besonders für Menschen, die du nicht magst. Es ist einfacher, sich mit einem Baum oder einer Blume zu verbinden, als mit einem Menschen, der einem zuwider ist.

Sobald du inneren Widerstand spürst, aus welchem Grund auch immer, ist es in Ordnung, wenn du den Akt der Verschmelzung nicht zelebrierst. Du musst es nicht tun! Es ist immer deine freie Entscheidung, Einheit erleben zu wollen und zu können.

Mach dir keine Gedanken um die Seele des anderen Menschen. Du zwingst sie nicht zur Einheit. So etwas gibt es nicht, wenn deine Intention reine Liebe ist und das Gefühl aus dem echten Erleben der Einheit heraus empfunden wird.

Verschmelze und verbinde dich stets aus Liebe. Liebe ist die einzige Intention. Dann können wunderbare Begegnungen stattfinden. Zum Beispiel mit deinem Liebespartner, mit Seelenpartnern, Freunden, Klienten, Patienten, Familienmitgliedern oder Fremden.

Verschmelzung zuzulassen und zu erleben wird dich empfindsamer und einfühlsamer werden lassen. Du wirst dich in Menschen, Tiere, Pflanzen und Situationen besser einfühlen können, ihre Beweggründe eher verstehen und mühelos bereit sein, dir selbst und anderen Menschen zu verzeihen, falls sie dich verletzt haben. Du wirst das Göttliche in jedem und allem erleben, sodass dein Leben von Harmonie, Verständnis, Miteinander, Wohlwollen und Nächstenliebe geprägt sein wird. Du wirst zu einer lichten Flamme des Friedens, weil du weißt, dass du dich selbst bekämpfst, wenn du alles und jeden bekämpfst.

Du wirst gelassener gegenüber dem Leben, den Herausforderungen, Krisen und Krankheiten. In allem wirst du das Gute sehen, ohne die Schwächen und Fehler zu ignorieren. Du wirst „das Böse", die Schwächen und Fehler bei dir und allen anderen als Teil der Dualität erfahren, ohne zu bewerten.

Du wirst dich einbringen in die Welt, dort, wo du gebraucht wirst, ohne zu fragen, was du davon hast. Deine Liebe wird fließen, zu dir und zur gesamten Schöpfung. Du wirst präsenter sein und Verantwortung übernehmen.

Für alles und jeden wirst du beten. Alles und jeden wirst du segnen. Und du wirst dir und anderen vergeben, weil du die Erfahrung der Dualität als gegeben betrachtest. Zu unserem irdischen Leben gehören immer beide Seiten: das Dunkle und das Helle, das Gute und das Böse, die Stärke und die Schwäche, das Liebevolle und das Lieblose, die Bewusstheit und das Unbewusste oder Gedankenlose.

Im Erleben der Einheit wirst du alles zusammenbringen und dich als Teil des Ganzen fühlen. Du wirst dein inneres Lächeln entfalten und dankbar sein, dass es dich und die Schöpfung gibt, so, wie sie ist, perfekt und unperfekt zugleich. Eben dual!

Das Erleben von Einheit und Verschmelzung ist immer ein intimer Prozess. Mit der Dualseele die Einheit zu erleben ist der Himmel auf Erden. Ihr seid sowieso eins.

Die Einheit mit allem und jedem zu erleben ist eine große Bereicherung, ein Schritt voran, um das Göttliche in allem und jedem zu erleben und sich bewusst zu sein, dass wirklich alles eins ist.

Je fremder dir etwas oder jemand ist, desto schwieriger kann es sein, sich der Einheit mit allem und jedem bewusst zu werden. Es liegt an dir. Setze dich nicht unter Druck, sondern entscheide aus dem Herzen heraus. Sei bereit und achte stets auch dein Bedürfnis, ganz für dich und bei dir zu sein! Wir Menschen sind hier, um die Dualität zu erfahren. Und das können wir nur, wenn wir immer wieder das Gefühl der Trennung erleben, das Ich-bin-ich. Gott und alles andere ist außerhalb von mir. Ich bin Gott. Und ich bin ich. Beides gleichzeitig.

Beide Erfahrungen sind wichtig: die der Trennung und die der Einheit. Das All-Ein-Sein ist ein schönes Wort, um beide Erfahrungen zu kennzeichnen.

Ich segne mich.
Ich segne dich.
Ich erfahre Gott in mir in dir
und verbinde mich mit dir.
Wer immer du bist,
Gottes Liebe verbindet uns.
Im Gottes Traum sind wir alle zusammen.
Wir sind alle eins,
jetzt und immer.
Alle Schöpfung ist in mir.
Ich bin in aller Schöpfung.
Ich bin Gott,
und ich bin ich.
Alles gleichzeitig.
Alles jetzt.
Von Ewigkeit zu Ewigkeit.

Heilkraftrituale in der vereinten Energie

Rituale verfolgen immer eine Intention. Die Intention der absoluten Erfüllung, Vollendung und Vollkommenheit ist immer die Liebe. Denke, fühle und handle aus Liebe.

Wenn du den Akt der Verschmelzung zelebrierst, dann um zu lieben und Liebe in dir wirken zu lassen sowie in die Welt hinauszutragen. Die Verschmelzung ist ein Weg zu dir selbst. Um dich selbst zu spüren und zu erleben, dass du ein Kind Gottes und reine Liebe bist.

Du bist Liebe. Sei ein Liebender. Liebe!

Während der erlebten Einheit strahlt die Liebe in und mit dir in ihrer höchsten Form, wenn du dich mit deiner Dualseele vereinst.

Es wird weiterhin unzählige Situationen geben, in denen du für dich alleine bist und handelst. Du bist der Teil Gottes, die kleinste Einheit für sich. Das ist genug. Es ist perfekt, wie es ist. Dein irdischer Körper ist einzigartig, so, wie er ist. Es gibt dich nur ein einziges Mal, körperlich, geistig, seelisch.

Du bist ein Teil Gottes. Göttliche Heilkraft ist also in dir und wirkt durch dich. Je öfter du die liebende Einheit mit deiner Dualseele und mit allem, was dir angenehm ist, praktiziert, desto mehr wirst du spüren, dass du Liebe bist, ein perfektes Kind Gottes.

Du wirst dich nicht mehr klein und schwach fühlen und unfähig sein, dich selbst zu lieben, denn du wirst erleben und spüren, dass du Liebe bist und Gottes Liebe in dir fließt. Je öfter du das spürst, desto mehr Liebe wird fließen können. Der Fluss wird groß und stark, und mit dem Fluss verändert sich das gesamte Dasein unseres Universums.

Jeder Einzelne hat es also in der Hand, diese Veränderung der Liebe in Gang zu bringen. Es liegt auch in deiner Verantwortung. Du kannst es! Jeder kann es! Uns ist es gegeben, zu lieben und mit der Liebe eine neue Welt zu erschaffen.

Wir stehen nun aber auf der Schwelle zu einer neuen Zeit. Die vereinte Heilkraft der Dualseelen ist gefordert, sich zu entfalten. Und mehr noch: Die vereinte Kraft vieler vereinter Dualseelenpaare ist gefordert, damit eine „kritische Masse" erreicht wird, die irdische Veränderungen ins Leben rufen kann. Sonst verbleiben die Veränderungen in den Gedanken einiger bewusst lebender Menschen, aber die Tatkraft zur Umsetzung fehlt.

Sobald du dich entscheidest, dich mit der Energie deiner Dualseele zu vereinen, potenziert sich deine Heilkraft. Gemeinsam werdet ihr zu einem Feuerwerk. Ihr heilt euch gegenseitig und euch selbst. Ihr heilt die gesamte Schöpfung.

Es wird einfach geschehen. Denke an die Energie deiner Dualseele, öffne dein Herz und sei bereit – und schon ist die Energie deiner Dualseele da, um mit dir eins zu sein und zu wirken. Es geschieht und fertig. Freudig und dennoch intensiv, ohne meditative Vorbereitungen, Vorstellungen oder rituelle Handlungen.

Du kannst also jederzeit und überall die Einheit erleben, wenn du es möchtest.

Ebenso kannst du ein wunderschönes Ritual zelebrieren, um die Heiligkeit der Einheit zu feiern. Rituale sind keine komplizierten Handlungsschritte und Anleitungsmuster, damit wirkende Heilkraft entfaltet werden kann – Heilkraft aus der Einheit heraus ist immer wirksam!

Doch Rituale sind schön und spiegeln die Schönheit der Einheit wider.

Je öfter du mit deiner Dualseele die Einheit erlebst und rituell praktizierst, desto mehr wird sich in deinem und im Leben deiner Dualseele zum Positiven verändern. Andere Menschen werden es euch ansehen, dass etwas Neues in euer Leben getreten ist. Sie werden es dir ansehen und, unabhängig von dir, auch deiner Dualseele, wo auch immer sie auf dieser Welt sein sollte, wer auch immer sie ist.

Folgende Veränderungen sind für dich von innen wie von außen erfahrbar:

- Du wirst dich präsenter und standfester fühlen, was man dir ansehen wird.
- Du strahlst plötzlich viel mehr, erscheinst glücklicher und erfüllter.
- Du hast mehr physische und psychische Kraft, um anstrengende Zeiten besser zu bewältigen.
- Du wirkst verjüngt und fühlst dich vitaler und fitter.
- Du fühlst dich verliebt: in dich, in deine Dualseele, in Gott, das Leben und die ganze Welt.
- Du wirkst offener, herzlicher, toleranter und fühlst dich auch entsprechend verbundener mit allem und jedem.
- Du bist gelassener und strahlst innere Ruhe und inneren Frieden aus.

- Liebe und Güte sind in deiner Aura zu spüren, du leuchtest von innen heraus.
- Du wirkst mutiger, belastbarer, durchsetzungsfähiger, stärker und machtvoller.
- Du wirst weitere Schritte auf deinem spirituellen Weg machen können, mehr Mitgefühl und Einfühlungsvermögen entwickeln.

Wenn du aus der vereinten Heilenergie heraus handelst, wird deine Heilkraft immer gleich gut wirken. Denke bitte nicht, dass es Wirkungsunterschiede gibt. Es liegt rein an deinem Körper und seiner Wahrnehmungsfähigkeit, wenn du einmal sehr viel spürst und wahrnimmst und ein anderes Mal fast nichts merkst.

Es wird Zeiten geben, in denen du extrem viel körperlich wahrnimmst. Dann wird es in dir kribbeln und pulsieren, du wirst dich fast schwebend und ekstatisch freudig fühlen und die Einheit mit deiner Dualseele körperlich empfinden. Es wird dir vorkommen wie der beste Sex deines Lebens, nur viel besser, ganzheitlicher, allumfassender. Alles an und in dir wird strömen. Es wird ein Fest der Sinne sein, fast nicht auszuhalten vor Liebe, Freude und Erfüllung.

Und dann wird es Zeiten geben, in denen du dir die Vereinigung vorstellst und sie erlebst, aber körperlich nichts oder fast nichts spürst. Es ist wie ein mechanischer Akt. Du sieht vor deinem geistigen Auge zwar, wie ihr eins seid, aber das war es dann auch schon.

Keine Angst, es ist ganz normal, immer wieder unterschiedliche körperliche Erfahrungen zu machen. Die

Wirksamkeit eurer vereinten Dualseelenenergie ist immer gleich, was auch immer du empfinden magst.

☆☆☆

Ich leuchte.
Ich potenziere die Heilkraft
in der Einheit mit meiner Dualseele,
in der Einheit mit der gesamten Schöpfung,
in der Einheit mit Gott.
Gott ist in mir.
Ich bin der Schöpfer dieser Welt.
Meiner irdischen Welt.
Gott träumt meine Bestimmung als Mensch.
Als Mensch bin ich bereit.
Ich bin bereit, die Einheit in mein Bewusstsein zu lassen.
Ich bin bereit, eins zu sein mit allem.
Ich bin bereit, eins zu sein mit meiner Dualseele.
Ich bin bereit, eins zu sein mit Gott.

Bewusstes Eins-Sein, bewusstes Allein-Sein

Je geübter du darin wirst, das Einheitsbewusstsein im Irdischen zu erleben, desto sensibler wirst du. Du wirst dich in die Sichtweisen und Bedürfnisse deiner Umwelt einfühlen und Verständnis haben für die Belange deiner Mitmenschen. Dieses Verstehen wird so weit gehen, dass du mit-fühlen kannst, was jemand erlebt, wie er darüber denkt und was er dabei fühlt. Du wirst seine Gedankengänge nachvollziehen können, auch wenn sie anders sind als deine. Und du wirst seine Gefühle verstehen und wissen, warum er so fühlt.

Das kann so weit gehen, dass du seine Gedanken- und Gefühlsenergien übernimmst und sie, in dir selbst verankert, wahrnehmen kannst. Fast alle spirituellen Therapeuten können das. Sie spüren in sich das Problem ihres Patienten. Sie können sich so gut einfühlen, dass sie sich eins mit ihrem Gegenüber fühlen. Manchmal so sehr, dass sie die Beschwerden – ob seelischer oder körperlicher Art – an sich selbst eins zu eins spüren.

Du kennst dieses Phänomen sicherlich auch: Du kommst irgendwohin und fühlst, wie es den Menschen geht, die im Raum sind. Die Stimmung ist spürbar, aber auch die gesamte Ausstrahlung der Menschen strahlt auf dich ein. Entsprechend fühlst du dich bedrückt oder wohl, verunsichert oder stark, geschwächt oder stabil.

Es gibt Menschen, die Energien transformieren und sie in Wohlbefinden und reine, klare Energieströmung wandeln. Diese Menschen sind wie ein Spiegel für das, was um sie herum vor sich geht. Sie sind wie ein Schwamm, der die Emotionen der anderen aufnimmt. Eventuell ist ihnen auch die Gabe gegeben, die negativen Emotionen ihrer Mitmenschen zu transformieren.

In großen Menschenansammlungen geht es ihnen oft besonders schlecht, weil zu viele Energien auf sie einstrahlen. Sie nehmen alles wahr, sind mit allem und jedem verbunden und haben unterschiedliche Wahrnehmungen. Oft wissen sie nicht, was sie von wem wahrnehmen. Sie fühlen sich traurig oder schlecht, bekommen Kopfschmerzen oder Bauchweh, ihre Nerven flattern und ihre Konzentration lässt nach. Alle diese Wahrnehmungen sind jedoch nicht die eigenen.

Die energetische Information eines jeden Menschen liegt ständig in der Luft, und diese Grundstimmung macht sich in der Ausstrahlung bemerkbar. Ist jemand sensibel und offen, ist er diesen Stimmungen schutzlos ausgeliefert. Er nimmt alles wahr, ob er will oder nicht.

In diesem Fall ist es wichtig, sich ganz auf sich selbst zu besinnen, wenn man nicht die Kraft und Berufung verspürt, für die Menschen da zu sein, ihnen therapeutisch, transformierend und unterstützend zur Seite zu stehen.

Deshalb ist es notwendig, sich immer wieder bewusst in das Allein-Sein zu begeben. Es ist für das Seelenheil als Mensch und für die hohe Energieschwingung wichtig, die eigene Kraft wieder zu spüren. Auch wenn man das Leid der Umwelt wahrnimmt, kann man im geschwächten Zustand nichts ausrichten.

Die Botschaft für sensible Menschen lautet deshalb:

Kehre zu dir zurück. Bleib bei dir und gehe in deine Kraft, um dich mit deiner Dualseele, mit den Engeln, geistigen Helfern und Gottes Kraft zu verbinden und dann den Menschen beizustehen.

Wenn es zu deiner Lebensaufgabe gehört, heilend tätig zu sein, transformiere niedrig schwingende Energien in höher schwingende. Damit trägst du dazu bei, dass sich die Schwingungsfrequenz komplett erhöht und sich die Menschen in deinem Umfeld wieder wohl fühlen. Blockierte und gestockte Energie kann wieder fließen, überschüssige Energie wird ausgeglichen und fehlende wird zugeführt. Es kommt zur Harmonisierung auf allen Ebenen. Die Selbstheilungskräfte des Einzelnen entfalten sich.

Wenn du den energetischen Disharmonien deiner Mitmenschen ausgesetzt und selbst nicht im Gleichgewicht bist, beeinträchtigt dich die Erfahrung, die Energien deiner Mitmenschen zu spüren und eventuell auch zu transformieren. Es raubt dir menschliche Kraft und Energie. Du fühlst dich ausgelaugt, müde und erschöpft. Sobald diese Gefühle auftreten, ist es nötig, die eigene Kraft wieder zu spüren.

Wende dich dem göttlichen Licht und deiner göttlichen Seelenkraft zu. Rufe Erzengel Michael und durchtrenne mit seinem Lichtschwert sämtliche Energiefäden, die sich bei dir eingeschlichen haben. Visualisiere zur sofortigen Reinigung eine Lichtdusche, die sämtliche Reste der fremden Energien von dir abwäscht. Dann bilde in Gedanken einen Lichtstrahl um dich herum, der dich wie eine Kugel einhüllt und nährt. Du bist reine Göttlichkeit. Du bist rein und klar. Du bist klare Liebe und Liebeskraft. Atme einige Male tief durch und sieh, wie die Engel Gottes Licht in dich leiten, um dich zu regenerieren. Du wirst mit konstruktiver, heilender, göttlicher Energie regelrecht „aufgepumpt".

Sei dir bewusst, dass du ein Recht darauf hast, deine eigene Kraft zu entfalten und sie durch niemanden anderen beeinträchtigen zu lassen. Niemand hat das Recht und die Macht, dir zu schaden oder dich zu schwächen. Es ist deshalb wichtig, dass du es dir wert bist, als Mensch auf deine menschlichen Bedürfnisse zu achten. Das gehört zur irdischen Erfahrung.

Frage dich deshalb immer wieder: Was tut mir gut? Welche Erfahrungen benötige ich jetzt, um mich körperlich wohl zu fühlen? Brauche ich Schlaf, gesundes Essen, einen Spaziergang in der Natur, Schmuseeinheiten oder ein klärendes Gespräch? Was kann mir wieder Wohlbefinden vermitteln?

Das ganzheitliche Wohlbefinden erreicht den Menschen mit Hilfe seiner Sinne. Die sinnliche Wahrnehmung ist das Tor für Harmonie und Gleichgewicht.

Frage dich deshalb: Was höre ich gerne? Welche Musik baut mich jetzt auf oder beruhigt mich? Welche visuellen Eindrücke vermitteln mir Kraft und Stärke? Was schmeckt gut und gibt mir Energie? Was riecht gut und mobilisiert meine Reserven? Was fühlt sich gut an und lässt mich entspannen? Über das Hören, Sehen, Fühlen, Riechen und Schmecken kannst du Kraft tanken oder Entspannung finden.

Das Allein-Sein wiederum bewirkt, wieder zu dir selbst zu kommen und Informationen, Eindrücke und Erlebnisse optimal zu verarbeiten.

Erst wenn du ganz in deiner Kraft bist, ganz bei und eins mit dir, kannst du für andere da sein, dich mit ihnen verbinden und auch die Dualseelenkraft gemeinsam mit der Energie deiner Dualseele zur Entfaltung bringen.

Sobald du dich wieder energetisch gestärkt fühlst und wieder ganz bei dir bist, kannst du dich bewusst mit deiner Dualseele vereinen, wenn du in dir den Auftrag spürst, heilend und helfend tätig zu sein. Dann nämlich nimmst du dich dieser Aufgabe an und schreitest bewusst ein. Du rufst deine Dualseelenenergie herbei und vereinst dich mit ihr. Unterstützend kannst du noch helfende Engel zur Seite holen. Stell dir vor, wie du mit deiner Dualseele gemeinsam licht- und heilvolle Energie ausstrahlst, wie die Engel dieses Licht in die richtige Bahn lenken und mit zusätzlicher göttlicher Heilkraft umgeben. Richte den lichtvollen Herzensstrahl zielgenau auf die problembeladenen Menschen oder in die unruhige Menschenmenge. Dort kann nun die heilende Kraft Gottes wirken.

Du wirst aus der vereinten Dualseelenenergie zum optimalen Kanal für die göttliche Heilkraft. Im Kapitel *„Dualseelenheilung für die Menschheit, den gesamten Planeten und das Universum“* findest du noch einmal alle Detailinformationen für die Transformation globaler Probleme.

Ich finde die Kraft in mir selbst,
im Allein-Sein,
im Bewusstsein,
in der Einheit,
in allem, was mir ganzheitlich guttut.
Dorthin lenke ich bewusst meine Aufmerksamkeit:
Auf alles, was mir Freude bereitet
und mein menschliches Leben
mit Kraft, Entspannung und Wohlbefinden füllt.
Ich achte auf meine menschlichen Bedürfnisse
mit Behutsamkeit und Zartheit.

Dualseelenheilung für dich

Wenn es dir gut geht, kannst du auch für andere da sein. Deshalb achte auf deine Bedürfnisse. Die Energie deiner Dualseele steht dir für deine Heilungsprozesse jederzeit zur Verfügung. Ihr seid eins, eine Seele in zwei Körpern. Du „raubst" deiner Dualseele keine Energie, wenn du dich mit ihr vereinst. Im Gegenteil: Du schenkst ihr ebenso die Möglichkeit der vereinigten Erfahrung. Sieh dich selbst als Liebenden/als Liebende. Du bist ein Kind Gottes und lässt Heilung zu, indem du dich öffnest und die göttliche, liebende Einheit mit deiner Dualseele lebst.

Auch wenn du nicht weißt, wer deine Dualseele ist, wo sie ist und in welchem menschlichen „Kleid" sie steckt, kannst du auf der geistig-energetischen Ebene immer wieder die Einheit mit ihr zelebrieren.

Rufe sie herbei, verschmelze mit ihr, atme sie. Lass es in tiefer Liebe geschehen, dass eure Seelenteile sich wieder vereinen und die volle Kraft annehmen, die ihnen zusteht.

☆☆☆

Selbstheilungsritual

Entspanne dich, atme einige Male tief ein und aus und stell dir vor, wie du dich mit deiner Dualseele vereinst. Rufe sie herbei, öffne dich und sei bereit, sie in dir zu empfangen.

Sprich dabei innerlich oder laut: „Meine alles geliebte Dualseele, komm zu mir, durchströme mich mit deiner Energie, lass uns ganz eins sein. Ich öffne mein Herz und meinen Körper für dich. Ich gebe mich ganz hin, damit du in mir wirken kannst und mit unserer vereinten Kraft alles zum Fließen bringst.“

Du siehst, wie eure Herzen und Seelen ineinanderfließen. Du musst nichts weiter tun, als dich zu öffnen. Lass die Herzensenergie und die Liebe deiner Dualseele in dich hineinfließen. Nimm diesen Seelenteil deiner Dualseele voll und ganz in dir auf.

Einverleiben – das ist das Wort, das diesen Zustand ideal beschreibt. Ihr seid ganz eins, und du spürst das wunderbare Pulsieren in dir, wenn deine Dualseele in dir wirkt. Lass es geschehen. Gib dich dem Prozess ganz und gar hin.

Entspannt und dennoch voller freudiger Erregung lässt du dich von deiner Dualseele durchströmen. Es geschieht von allein, wenn du es dir vorstellst. Du bist eins mit deiner Dualseele.

Tue nichts weiter, als die kraftvolle vereinte Seelenenergie überall dorthin fließen zu lassen, wo du Heilung benötigst.

Das können schmerzhafte Körperteile sein oder kranke Bereiche im Körper. Aber auch seelische Zustände, die dich plagen und dir die Lebensfreude rauben.

Alle deine Sorgen und Nöte, innere Zerrissenheit, Zweifel und Ängste werden durch den lichten Strahl der vereinten Dualseelenkraft sanft aufgelöst.

Spüre weiter in diesen Prozess hinein und stell dir vor, wie der hell leuchtende und pulsierende Strahl, der aus eurer Vereinigung kommt, speziell auf die Bereiche gelenkt wird, die der Heilung bedürfen.

Sieh nun, wie die göttlichen, heilenden Lichtfunken, die aus eurer Einheit entstehen, in alle deine Körperzellen hineingleiten und dort deinen Körper mit Energie versorgen. Lass es geschehen und versorge dich mit der liebenden Heilenergie aus eurer Einheit. Genieße es, im Licht zu baden und Heilung zu erfahren. Sieh dich selbst, wie du Licht, wie du heil bist, strahlend und ganz. Du bist eins mit deiner Dualseele. Ihr seid die Einheit für immer und ewig.

Koste diesen Zustand so lange aus, wie es für dich angenehm ist. Sobald du ein wohliges Gefühl der Sattheit erreicht hast, bedanke dich bei deiner Dualseele und leite die Trennung ein. Kehre zu dir zurück und atme noch einige Male tief ein und aus. Bewege dich und trinke ausreichend Wasser.

Dualseelenheilung für deine Dualseele

Du hast dich erfüllt und die Vollkommenheit mit deiner Dualseele erlebt. Nun nimm dir ebenso die Zeit, um bewusst deine Dualseele zu heilen. Denke daran, dass diese wahrscheinlich inkarniert ist und einen menschlichen Körper besitzt, der ebenso wie deiner oft Unwohlsein signalisiert, krank ist, von Emotionen geplagt ist und eigene Lebenserfahrungen macht, die sehr anstrengend sein können.

Du kannst deiner Dualseele helfen, Unerlöstes in sich zur Erlösung zu bringen und auf dem lichten Weg der Bewusstwerdung kontinuierlich voranzuschreiten.

Es ist ein besonderes Privileg der menschlichen Nächstenliebe, dass du dich speziell für deine Dualseele einsetzen kannst und ihr mit eurer vereinten Energie zur Seite stehst. Du begleitest sie auf ihrem Weg durch das menschlichen Leben und die seelische Entwicklung, wie sie es auch mit dir tut. Ob es ihr bewusst ist oder nicht, spielt dabei keine Rolle. Wichtig ist, dass du es weißt.

Wenn dir bewusst ist, dass du eine Dualseele hast, kannst du für sie einstehen und energetisch für sie da sein.

Fühle dich in deine Dualseele ein. Da du wahrscheinlich nicht weißt, wer sie ist, wie sie aussieht, wie alt sie ist, auf welchem Kontinent sie lebt und welches Leben sie führt, lass dich von deiner Intuition leiten.

Vielleicht entstehen beim Einfühlen und Denken an sie innere Bilder und Visionen in dir, die dir Hinweise auf das Leben und die aktuelle Situation deiner Dualseele geben.

Inkarnierte Seelen gehen alle ihren Weg der Erfahrungen und Herausforderungen. Jeder Mensch hat seine Lebensaufgaben zu bewältigen und lebt seine Bestimmung. Deine energetische Heilenergie der Liebe wird deiner Dualseele guttun.

Wenn sie ein bewusst lebender und spirituell orientierter Mensch ist, spürt sie vielleicht, wenn sie liebende Energien von dir erhält und du mit ihr die Einheit zelebrierst. Auf irgendeine Weise wird sie diese Verbundenheit und Liebe wahrnehmen und spüren, zum Beispiel, dass sie sich gut und wohl fühlt.

Falls sie nichts bewusst wahrnimmt, wird sie es vielleicht im Traum erleben oder merken, dass es ihr besser geht und sie sich befreiter, erholter, erfrischter, wohler und sicherer fühlt als vorher.

Eventuell wird sie gar nichts wahrnehmen, wenn ihre Aufmerksamkeit gerade stark auf andere Themen gelenkt wird. Aber andere Menschen um deine Dualseele herum werden es merken und dann Sätze äußern wie: „Du siehst auf einmal viel besser aus, du strahlst ja richtig, irgendetwas an dir ist anders als sonst, dir scheint es aber gut zu gehen, du wirkst so präsent, du bist so anders…"

Dualseelenverschmelzung macht sich immer auch im Außen bemerkbar. Andere merken, dass etwas anders ist als vorher. Und immer äußert es sich in positiven Bemerkungen.

Bei der Heilung deiner Dualseele übernimmst du den aktiven Part.

Heilungsritual für die menschliche Inkarnation deiner Dualseele

Entspanne dich, atme tief ein und aus und rufe deine Dualseele zu dir. Öffne dich und beginne den Akt der Verschmelzung. Lass zu, dass ihr ganz eins werdet und du nun aus dieser Einheit heraus deine Dualseele mit Licht und Liebe erfüllen kannst. Verströme dich in deiner Dualseele, gib dich diesem Prozess der wirkenden Liebe hin und lenke den göttlichen Strahl eurer gemeinsamen Heilkraft direkt auf alle Bereiche im Körper und im Energiefeld deiner Dualseele. Lenke bewusst die Energie dorthin, wo du meinst, dass sich Blockaden, Störungen, Hindernisse, Schmerzen und Beschwerden befinden. Sieh zu, wie sich alles auflöst und im fließenden Feld eurer Liebesenergie zur harmonischen Strömung wird. Erfülle deine Dualseele mit heilender, göttlicher Kraft. Sieh, wie es deiner Dualseele gut geht, wie sie sich erholt und ihren menschlichen Körper versorgt weiß und als geheilt sieht.

Der menschliche Körper deiner Dualseele ist heil und lichtvoll auf allen Ebenen, für alle Zeiten und Dimensionen. Sieh diese Heilung und lass nochmal Heilenergie in alle körperlichen Ebenen fließen. Ihr seid eins. Geistig-seelisch seid ihr für immer und ewig eins. Hinterlasse dieses Bewusstsein bei deiner Dualseele.

Sobald du das Gefühl hast, dass sie auf allen Ebenen erfüllt und versorgt ist, bedanke dich bei ihr, dass es dir möglich war, für sie da zu sein. Kehre nun wieder zu dir zurück.

Dualseelenheilung für die Menschheit, den gesamten Planeten und das Universum

Selbst wenn du dich nicht als Heiler empfindest und anderen Lebensaufgaben nachgehst, kannst du etwas zur Heilung beitragen. Es reichen schon täglich drei bis fünf Minuten aus, in denen du dich der gesamten Menschheit, dem Planeten und dem Universum widmest. Dies kann dein aktiver Beitrag für Heilung, Frieden und Harmonie sein, den du täglich in die Welt hinaussendest. Menschenheilung ist auch Erdheilung, und so kannst du jederzeit global deine Dualseelenenergie in geballter Form senden. Du kannst dabei zielgerichtet vorgehen und dir einen Kontinent oder ein Land heraussuchen, das zur Zeit besonders der Heilung bedarf.

Vor allem nach Naturkatastrophen, kriegerischen politischen Unruhen, Missbrauch und Zerstörung und im Fall von Hungersnöten, Verfolgungen und anderen Missständen auf der Welt kannst du bewusst eingreifen und aus der Dualseeleneinheit heraus Heilenergie aussenden.

☆☆☆

Ritual für universelle Heilung

Verbinde dich mit deiner Dualseele. Rufe ihre Energie herbei, öffne dich und lass die Einheit in dir entstehen, bis du sie auf allen Ebenen empfindest. Nimm, wenn möglich, auch die körperlichen Anzeichen der Einheit wahr, wie zum Beispiel das Kribbeln, Strömen und Pulsieren. Stell dir vor, wie sich eure Seelenenergien wieder vereinen und ein großes Heilpotenzial entfalten.

Zusammen seid ihr wie ein leuchtendes Schwert, eine ewige Flamme der göttlichen Vollkommenheit.

Sobald du diesen Zustand erreicht hast und dich eins und stark leuchtend empfindest, fasse die Leuchtkraft eurer vereinten Energie zusammen zu einem gigantischen Lichtstrahl. Richte diesen auf bestimmte Menschen, eine Menschengruppe, einen Landstrich, das Meer, einen Kontinent, ein politisches Territorium, die Erde selbst, einen anderen Planeten oder das gesamte Universum.

Lass dazu alles, was du mit der liebenden Kraft der Einheit bestrahlen und heilen willst, vor deinem geistigen Auge entstehen.

Sieh zum Beispiel den gesamten Planeten Erde. Du siehst ihn von außen, vom Universum aus. Richte die strahlende, göttliche Einheitsheilkraft auf die Erde und hülle sie komplett mit der strahlenden Energie ein. Sieh, wie die Energie die Erde durchdringt, in und auf ihr wirkt und alles von der liebenden Kraft umspült und durchströmt wird. Sieh auch, wie alles gereinigt wird, was die Erde krank werden lässt und ins Ungleichgewicht stürzt. Die lichtvolle Kraft deiner vereinten Dualseelenenergie ist so mächtig und göttlich, dass alles, wirklich alles, wieder ins Gleichgewicht kommt und zu strahlen beginnt. Die Erde, die du behandelt hast, beginnt zu leuchten, zu strahlen und zu glänzen.

Nun fokussiere deine Aufmerksamkeit auf dich und deine Dualseele. Ihr seid eins. Du kannst dich entweder als ein verwobenes energetisches Lichtbündel wahrnehmen, völlig verschmolzen, oder du siehst dich als Mensch an der Seite deiner Dualseele, die ebenfalls Mensch ist, während eurer vereinten Hochzeitszeremonie. Es spielt dabei keine Rolle, dass du nicht weißt, wie deine Dualseele aussieht. Stell dir einfach ein liebendes Gegenüber vor, ohne konkretes Aussehen. Sieh nun, wie ihr während eurer Hochzeit eure Herzen und Seelen vereint, euch an den Händen haltet und zusammen aus all euren Zellen die vereinte Dualseelenheilenergie strömen lasst.

Schau dir dieses Bild dann von außen an. Sieh, wie du mit deiner Dualseele dastehst und Liebe verströmst. Ihr seid beide eingehüllt in die göttliche Kraft der Einheit und miteinander verwoben. Es ist wunderschön, euch anzusehen. Strahlt weiter! Spüre, wie ihr gemeinsam strahlt.

Stell dir die Heilübertragung aus allen möglichen Perspektiven vor. Nimm nun den Platz der Erde ein und erlebe, wie sie die wundervolle Einheitsenergie erhält. Gehe dann ein Stück zurück, bis du alles sehen kannst.

Du siehst dich und deine Dualseele, verschmolzen und strahlend, und die gesamte Erde, auf die eure Heilkraft gerichtet ist.

Lass die Heilkraft so lange wirken, bis du das Gefühl hast, dass es für heute genug ist.

Danke der Erde, deiner Dualseele und dir. Dann kehre wieder zu dir zurück.

☆☆☆

Dieses Verfahren kannst du mit allem und jedem anwenden. Statt der gesamten Erde stellst du dir einen Landstrich vor, zum Beispiel die Alpen. Während der Verschmelzung mit deiner Dualseele sendest du die göttliche, liebende Heilenergie direkt in die Berge. Wieder siehst du den kompletten Vorgang aus allen möglichen Perspektiven.

Wenn du Zeit hast und dich dazu berufen fühlst, kannst du dir täglich einen Menschen aussuchen, dem du die liebende Heilkraft sendest. Dies kann jemand aus deiner Verwandtschaft sein, der gerade krank ist und heilende Impulse benötigt, um seine eigenen Selbstheilungskräfte wieder zu aktivieren, oder jemand, dem du einfach Gutes schenken möchtest.

Sorge dich nicht, du greifst durch dein Verhalten nicht in die Persönlichkeit eines anderen Menschen ein. Deine aus Liebe und der Verschmelzung mit deiner Dualseele ausgesandte Heilkraft kann keinen Schaden anrichten. Sie ist auch nicht zu stark, zu schlecht dosiert oder zu wenig. Die Korrespondenz zwischen dir und dem Empfänger verläuft immer optimal harmonisch. Das ist das göttliche Prinzip, wenn du Liebe aussendest. Du kannst nicht „zuviel des Guten“ tun. So etwas gibt es nicht, denn der Empfänger empfängt immer genau die richtige „Menge“.

Es kommt auf deine Vorstellungskraft an, ob du dir einen Menschen vorstellen kannst oder gleich eine ganze Gruppe. Es ist reine Übungs- und Anwendungssache, und es geschieht immer nur so viel, wie geschehen soll. Du kannst nichts falsch machen.

Manchen fällt es am Anfang leichter, sich nur einen Menschen vorzustellen, um diesen mit der liebenden Einheitsheilenergie zu versorgen. Je mehr Menschen man sich vorstellt, desto verschwommener werden die Konturen. Du siehst vor deinen geistigen Augen eher die Menge, Menschen ohne Gesichter.

Deine ausgesandte Heilkraft kommt trotzdem an und erreicht jeden, den du definierst. Gib der Gruppe einen Namen. Nenne sie zum Beispiel: das ganze Volk aus Schweden. Oder: alle Mitglieder meines Turnvereins. Oder: alle Kinder aus dem Kindergarten meines Sohnes. Oder du nennst ihre Namen, wenn es nicht allzu viele sind: Egon, Peter, Klaus, Maria, Sabine, Petra. Das göttliche Bewusstsein lenkt deine Energie immer genau richtig.

Es ist auch nicht so, dass deine ausgesandte Energie geteilt wird und jeder nur ein kleines bisschen davon abbekommt. Jeder erhält die volle Ladung. Das, was du aussendest, kommt zu hundert Prozent bei jedem an. Auch das ist ein göttliches Gesetz. Deshalb kannst du dir – wenn du nur wenig Zeit hast – gleich das ganze Universum vorstellen: alle Planeten, Galaxien, Lebewesen und Alles-was-ist.

Das ist zwar sehr abstrakt und erfordert etwas Übung, um sich diese gigantische Größe vorstellen zu können, aber es wirkt universell. Du erreichst damit gleich jeden und alles, was existiert. Die komplette Schöpfung kann deine liebende vereinte Dualseelenheilenergie erhalten. Das ist doch ein wunderbarer Gedanke.

Dualseelenheilung für Tiere und Pflanzen

Wenn dir Tiere und/oder Pflanzen besonders am Herzen liegen, kannst du ihnen über deine liebende, vereinte Dualseelenheilenergie ein besonderes Geschenk bereiten. Du wirst erleben, dass deine Tiere und Pflanzen davon profitieren und sich über diese besondere Zuwendung „freuen".

Für mich ist es zum Beispiel eine besondere Freude, meinen Rosengarten mit der liebenden Dualseelenheilenergie zu versorgen. Zum Dank blühen sie besonders schön und üppig.

☆☆☆

Heilungsritual für Tiere und Pflanzen

Entspanne dich, atme einige Male tief ein und aus, rufe wieder deine Dualseele herbei und vereine dich mit ihr. Öffne dich und lass sie in dich eindringen. Erlaube die Vereinigung mit ihr. Nimm die Kraft und Stärke an, die ihr zusammen entfaltet, und richte wieder einen liebenden Strahl aus der Einheit auf die Tiere, denen du dieses Geschenk bereiten möchtest. Oder auf dein ganzes Beet, deine Kräuter auf der Küchenbank, deine Zimmerpflanzen, den Rasen, den Wald, den Park in der Stadt.

Bestrahle alle Tiere und Pflanzen. Entferne dunkle Stellen und Blockaden, löse Stauungen auf und führe Energie zu, wenn es nötig ist. Sieh, wie die lichte Heilkraft alles heilt, auf allen Ebenen und in allen Dimensionen. Bleib so lange in diesem Strahl, bis sich alle Tiere und Pflanzen erfüllt fühlen. Bedanke dich bei deiner Dualseele für die Vereinigung und kehre wieder zu dir zurück. Atme noch einige Male tief ein und aus, bewege dich und trinke etwas.

☆☆☆

Deiner Hingabe sind keine Grenzen gesetzt.

Ich persönlich fühle mich sehr mit Pflanzen und Bäumen verbunden. Deshalb ist jeder Spaziergang durch die Natur für mich auch eine Möglichkeit, für die Pflanzen da zu sein. Manchmal – wenn ich nicht auf Walking-Kurs bin, sondern ein wenig langsamer und aufmerksamer unterwegs bin – kann ich während des Gehens die Dualseelenenergie in mir empfangen und aussenden. Es macht Spaß, gemeinsam wirksam zu werden.

Ein anderes Mal möchte ich ganz konzentriert einer bestimmten Pflanze Energie zukommen lassen. Dann nehme ich mir Zeit dafür und suche eine Bank auf, um direkt unter freiem Himmel aktiv zu werden.

Wenn du im Gras sitzt, auf einer Bank weilst oder dich in deinem Garten befindest, ist es noch viel leichter, die vereinte Heilenergie auszusenden. Am Bach sitzend, mit den Füßen im Wasser, unter einem Baum, abends im Sommer bei Vollmond oder in einer anderen magischen Nacht kannst du noch viel mehr und besser spüren, wie deine Energie ausströmt.

Wisse, dass deine Energie immer strömt, auch wenn du diesen Vorgang nicht jedes Mal intensiv spüren kannst. Egal, wem und wann du die Energie zukommen lässt, sie wirkt immer gleich gut.

Dualseelenheilkraft situationsbedingt einsetzen

Wenn ich anderen Menschen während einer Heilbehandlung die Hände auflege, merke ich oft, dass sich meine Dualseele zu mir gesellt, um mir beizustehen, ohne dass ich sie gerufen habe. Sie ist da, und gemeinsam behandeln wir mit Liebe, Kraft und Stärke aus der göttlichen Vereinigung heraus. Oder ich rufe sie herbei, wenn die gesamte Strahlkraft benötigt wird.

Mit der Zeit wird sich die Energie deiner Dualseele bei dir einfinden, wenn es nötig ist. Das menschliche Bewusstsein deiner Dualseele weiß davon (meistens) nichts, doch die geistig-seelische Ebene weiß immer um den richtigen Zeitpunkt für die Einheit. Die Dualseelenvereinigung geschieht immer zum Wohl aller. Immer!

Der Gedanke, die Dualseele bei sich zu haben, weil es Spaß macht oder man eigennützige Ziele verfolgt, ist abwegig. Du kannst dich zwar immer mit ihr vereinen, aber prüfe stets deine Intention. Geschieht die Vereinigung aus Liebe? Wenn reine Liebe die Absicht ist, wird göttliche Heilkraft zum Wohl aller fließen können. Was auch immer du tust, was auch immer geschieht.

Es ist kein Wunder, wenn die Dualseelenenergie in Situationen zu dir kommt, die dem Wohl aller dienen. Du musst sie nicht rufen, sondern kannst darauf vertrauen, dass ihr gemeinsam in den Dienst der göttlichen Schöpfung tretet.

Unsere ewige Verbundenheit ist gesegnet.
Wir sind eins,
um zum Wohl aller im menschlichen Leben
Heilkraft zu entfalten.
Wir handeln im Auftrag der göttlichen Schöpfung.
Unsere Gebete begleiten unsere Aufgaben.
Wir vereinen uns
und werden gemeinsam zur fließenden Liebe.

Vom Spüren der Einheit

Weil Menschen einen Körper haben, sind sie an ihre sinnlichen Empfindungen gebunden. Besonders schön und erfüllend ist es, wenn der Körper diese wahrnimmt und ins Bewusstsein rückt.

Doch der menschliche Körper unterliegt auch Schwankungen. Diese Schwankungen und Rhythmen verändern sich immer wieder, und damit auch die körperlichen Wahrnehmungen.

Zum einen hängen Wahrnehmungen von deiner ganz persönlichen, spirituellen Entwicklung ab, zum anderen aber auch von äußeren Gegebenheiten wie dem Wetter, den Jahreszeiten und deinem biologischen Alter.

Wenn du dich bewusst mit deiner Dualseele energetisch verbindest und die Einheit erlaubst, indem du dich ihr hingibst, sie mit Liebe und Freude empfängst und dich von ihr durchströmen lässt und dafür sorgst, dass sie von dir durchströmt wird, reagiert dein Körper auf diese Einheitserfahrung.

Du wirst unterschiedliche körperliche Empfindungen haben, die hier noch einmal ausführlich erwähnt werden sollen.

- Dein ganzer Körper oder bestimmte Körperteile beginnen zu kribbeln.
- Du fühlst ein Pulsieren und Strömen in dir.
- Dir wird heiß, du bekommst Hitzewallungen.
- Dir wird abwechselnd heiß und kalt.

- Du fühlst dich wie schwebend, leicht und befreit.
- Du spürst deinen Herzschlag laut und deutlich, eventuell auch schnell und aufgeregt.
- Dein Körper wird gut durchblutet, sodass Hände und Füße warm werden.
- Du fühlst einen Druck im Kopf, weil so viel Energie in dir ist.
- Du könntest die ganze Zeit kichern, lächeln, fröhlich sein, herumhüpfen, Witze erzählen, etwas Verrücktes tun.
- In dir brennt alles wie Feuer.
- Du fühlst dich erregt, auch sexuell.
- Ekstatische Gefühle und Empfindungen durchströmen dich, es fühlt sich fast an wie ein ganzheitlicher, mit dem ganzen Körper erlebter Orgasmus.
- Deine Sinne werden schärfer, du hörst, siehst, fühlst, riechst und schmeckst intensiver.
- Du fühlst dich wach und lebendig, wieder antriebsstark und von dunklen depressiven Zuständen befreit, falls du dich in solchen befunden haben solltest.
- Du fühlst dich zeitweise außerhalb deines Körpers oder wie weggetreten, in eine andere Welt versetzt.
- Es öffnen sich dir mediale Eindrücke, du hast Kontakt zu verstorbenen Seelen, bekommst hellsichtige Einblicke in die Zukunft oder Visionen.

Alle diese Empfindungen können auftreten, müssen aber nicht. Außerdem ist es wichtig zu wissen, dass kein menschlicher Körper in der Lage ist, alle gleichzeitig zu erleben oder in einer besonders angenehmen für längere Zeit zu verweilen.

Es kann gut sein, dass du über eine größere Zeitspanne hinweg gar nichts bewusst wahrnimmst. Weder fühlst du dich besonders erhaben, noch kribbelt etwas in dir oder versorgt dich mit Wärme.

Das heißt nicht, dass nichts stattfindet. Es bedeutet nur, dass dein Körper im Augenblick nicht in der Lage ist, etwas zu empfinden. Und das ist absolut in Ordnung. Dein Körper ist keine Maschine, die auf Knopfdruck Empfindungen produziert.

Du wirst mir sicher recht geben, dass es einfacher und lustvoller ist, während einer klaren, warmen Vollmondnacht mitten in der Natur im Hochsommer sich selbst, den Körper und die Vereinigung mit der Dualseele intensiv zu erleben, als morgens im Stau im Berufsverkehr mitten im trüben, grauen Winter.

Je glücklicher und zufriedener du mit dir bist, desto eher wird dein Körper Reserven zur Verfügung haben, um dich die Einheit mit deiner Dualseele intensiv erleben zu lassen. Deshalb achte auf dich, gönne dir Ruhe, versorge dich mit liebenden Ritualen, einer gesunden Ernährung, ausreichend Schlaf und Bewegung in der freien Natur. Sei achtsam mit dir, und mit dir im Reinen, dann werden deine Empfindungen harmonisch und optimal erfüllend für dich sein.

Wenn du weiblich bist, unterliegst du sowieso den weiblichen Zyklen. Wundere dich nicht, wenn du während deiner Menstruation und um deinen Eisprung herum am meisten wahrnehmen kannst. Lustvolle, ekstatische, sexuelle Empfindungen werden dir vor allem während der fruchtbaren Tage gegeben sein. Ist es denn ein Wunder? Die Natur hat es so eingerichtet, dass du während dieser Tage empfangsbereit bist, sozusagen auf allen Ebenen. Klar, dass du dann die Vereinigung mit deiner Dualseele als ebenso lustvoll erlebst wie eine sexuelle Begegnung.

Im Frühling wird dieses erwachende, triebhafte Empfinden deines Körpers viel stärker spürbar sein als im Winter, wenn die gesamte Natur schläft. Überhaupt spielen Jahreszeiten und Tageszeiten eine große Rolle beim Spüren der Einheit mit deiner Dualseele. Finde heraus, wie du persönlich auf die Zyklen und Rhythmen der Natur reagierst. Dadurch lernst du dich selbst besser kennen und bist nicht enttäuscht, wenn du einmal nichts spürst.

Auch während persönlicher Umbruchzeiten, Krisen und Veränderungen kann es gut sein, dass du plötzlich nichts mehr körperlich wahrnimmst, wenn du dich energetisch mit deiner Dualseele vereinst.

Die Heilkraft ist aber immer wirksam! Um das zu begreifen, haben wir unseren Verstand. Er beruhigt uns und weiß um die Fakten. Es ist alles in Ordnung. Die Heilkraft wirkt, nur ist der Körper im Augenblick mit der veränderten Lebenssituation beschäftigt und muss viel verarbeiten. Deshalb ist die Wahrnehmung nicht auf die Einheit mit der Dualseele gerichtet und entsprechend nicht spürbar.

Je lockerer du mit diesen Tatsachen umgehst, desto schneller wird sich dein Empfinden wieder zeigen und spürbar werden.

Ich bin Mensch.
Ich habe das Glück,
menschliche Empfindungen zu haben.
Ich spüre das Leben.
Ich spüre es mit meinem ganzen Körper.
Ich genieße es,
spüren zu können.
Und bin dankbar für alles,
was ich spüren und empfinden kann.

Vom Liebeskummer und von deiner höheren Aufgabe mit deiner Dualseele

Dualseelenliebe kann für einen Menschen neben aller Seligkeit auch schmerzhafte Empfindungen mit sich bringen. Diese Tatsache möchte ich hier noch einmal aufgreifen.

Viele, die ihre Dualseele in einem anderen Menschen erkannt haben, aber nicht mit ihr das Leben verbringen und im Irdischen gemeinsam im Dienst der Schöpfung wirken können, werden zunächst durch eine Phase des Liebeskummers gehen. Sei es, dass der andere sie nicht erkennt, andere Verpflichtungen vorliegen oder die Dualseele mit einem anderen Partner liiert ist. Es ist eine Zeit der inneren Transformation, und diese kann sehr schmerzhaft sein.

Man sehnt sich so sehr danach, mit der Dualseele das Leben zu teilen und mit ihr gemeinsam zum Wohl aller tätig zu sein. Aber es soll nicht oder noch nicht sein!

Steckst du gerade mitten im Liebeskummer?

Es ist normal, so zu empfinden. Liebeskummer gehört zu den menschlichen Erfahrungen, die nicht zu vermeiden sind, falls man nicht wie ein Einsiedler lebt.

Die Zeit wird deine Wunden heilen, auch wenn du zunächst starke Zweifel erleben solltest und dich fragst, warum Gott dir dieses Wissen und diese Erfahrung zumutet, ohne dir den Weg für eine erfüllte Partnerschaft mit deiner Dualseele zu bereiten. Eventuell wird dir alles sinnlos vorkommen, weil du den Sinn nicht begreifst. Warum musst du ausgerechnet jetzt deiner Dualseele begegnen? Und sie erkennt dich nicht, oder ihr seid nicht frei füreinander. Das alles klingt wie ein kosmischer Witz, wie schwarzer Humor, der nicht verstanden werden kann. Was soll das alles?

Die Zeit des Liebeskummers bringt auch Emotionen wie Wut, Enttäuschung, Trauer oder Depressionen. Dein ganzes Inneres wird aufgewühlt. Dies kann dich über eine längere Zeitspanne hinweg lähmen, dich niederdrücken, dir Angst machen und dir noch mehr Zweifel auferlegen. Eventuell wirst du an Gott selbst zweifeln. Da ist also nicht nur der Liebeskummer, der dich plagt, sondern dein ganzer Glaube wird auf die Probe gestellt.

Bist du bereit, dich Gottes Weisheit ganz und gar hinzugeben, auf dass sein Wille geschehe? Bist du bereit, dich auf deine Dualseele einzulassen, auch wenn du im Irdischen nicht mit ihr zusammenkommst? Bist du bereit für den Dienst an der Schöpfung, gemeinsam mit deiner Dualseele auf der geistig-seelischen Ebene, ohne zu begreifen und zu verstehen, warum du nicht mit ihr ein glückliches, irdisches Leben führen kannst?

Der Mensch neigt dazu, sich abzuwenden, wenn eine Beziehung Schmerzen verursacht. Um den Liebeskummer zu verarbeiten wird dann jeglicher Gedanke an die Dualseele abgebrochen. Du wendest dich anderen Themen, Beziehungen und Aufgaben zu, verdrängst deine Dualseele aus deinem irdischen Leben und aus deiner geistig-seelischen Wahrnehmung.

Doch genau darin liegt dein persönlicher Quantensprung!

Dies ist die nächste Stufe deiner seelischen Reife. Du erhältst die Stärke und innere Größe, dich mit deiner Dualseele geistig-seelisch zu vereinen, um ganz und gar in den Dienst der Schöpfung zu treten. Das ist eine große Gnade.

Sämtliche persönlichen Belange zählen nicht mehr. Das irdische kleine, persönliche Glück wird in die höhere Bestimmung deines Lebens integriert. Nun kannst du wahre Größe entfalten und wirklich zeigen, was in dir steckt. Du kannst dich überwinden, über dich hinauswachsen und eine ganz besondere Erfahrung der inneren Reife machen.

Wenn du die Erfahrung machst, dass du weißt, wer deine Dualseele ist und sie erkannt hast, aber nicht mit ihr das irdische Leben teilen kannst, gehörst du zu den Auserwählten, denen ein besonderes Schicksal geschenkt wird.

Sieh es positiv! Du hast die Möglichkeit, in einem einzigen Leben so schnell zu wachsen wie nie zuvor. Alles kannst du hinter dir lassen: alle karmischen Verstrickungen, persönlichen Kleinigkeiten, irdischen Beeinträchtigungen, einfach alles! Du bist frei, um dein Leben ganz in Gottes Hände zu legen und deinen Willen mit dem Gottes zu vereinen.

So schmerzhaft es ist, es ist ein Privileg deiner seelischen Entwicklung. Der einfache Weg wäre, dass ihr zusammenfindet und ein ganz normales Leben führt. Das habt ihr ja schon getan, in vielen früheren Leben! Zwar ohne die Bewusstheit, dass ihr Dualseelen seid, aber immerhin. Ihr habt die Erfahrung des irdischen Zusammenlebens schon gemacht.

Doch nun geht es darum, das eigene Leben einer höheren Aufgabe zu widmen. Es geht um so viel mehr als nur um dein persönliches irdisches Glück. Es geht darum, dass du in den Dienst der göttlichen Schöpfung trittst und so deine eigene Meisterschaft erlangst. Erleuchtung, Aufstieg, Meisterschaft – nun ist es möglich. Du brauchst den Weg nur anzunehmen und zu gehen.

Mache dir das immer wieder bewusst. Dann wird dir klar, dass es irrelevant ist, ob du mit deiner Dualseele zusammenlebst oder nicht. Du bist jederzeit eins mit ihr. Du bist ein Teil von ihr und sie ein Teil von dir. Ihr seid eins, ganz und gar. Wenn du die irdische Ebene mit ihr nicht leben kannst, lebst du alle anderen Ebenen zum Wohl aller. Du verschenkst dich an das Leben und an Gott. Du bist gesegnet, so oder so.

Es kann dennoch sein, dass ihr irgendwann zusammenfindet.

Vielen Dualseelenpaaren ist es gegeben, sich auf allen Ebenen zu finden und das Leben miteinander zu teilen. Und es werden immer mehr. Diese leuchtenden Paare sind Vorbild für alle anderen. Es liegt in ihrer Bestimmung und ihrem Schicksal.

Sei nicht traurig oder gar neidisch, dass dir ein anderer Weg bestimmt ist. Du gehst den Weg der seelischen Reife so absolut, dass du sehr stolz auf dich sein kannst, wenn du ihn erfolgreich und glücklich meisterst.

Wende dich deshalb nicht von deiner Dualseele ab. Du weißt jetzt, wer sie ist. Du hast ein klares Bild vor Augen. Wenn du dich mit ihr vereinst, kann es sein, dass dir dieser Prozess zunächst Schmerzen verursacht, weil in dir die Sehnsucht nach ganzheitlicher Vereinigung ist. Du willst alles, die geistig-seelische und die körperliche Vereinigung. Du willst mit deiner Dualseele morgens aufwachen, sie berühren, mit ihr dein Leben teilen. Du willst mit ihr lachen, weinen, ein ganz normales Leben führen, eventuell Kinder bekommen und mit ihr alt werden.

Nun ist dir aber einzig die geistig-seelische Ebene gegeben. Auf dieser Ebene kannst du das volle Potenzial der Heilkraft entfalten. Du kannst dich selbst heilen, deine Dualseele, die Menschheit und Alles-was-ist. Du wirst dich nicht über die offene Zahnpastatube unterhalten müssen, darüber, wer den Müll herausträgt und wer einkaufen geht. Die Probleme des Zusammenlebens bleiben unberührt.

Diese Tatsache kann dich sogar heiter stimmen. Vielleicht atmest du sogar auf, dass du nicht mit deiner Dualseele zusammenleben kannst.

Aber auch das ist irrelevant.

Nimm deine Bestimmung so an, wie sie sich jetzt zeigt. Es ist immer alles richtig, wie es ist. Wenn du deine Dualseele erkennst, ist es ein göttliches Geschenk. Wenn du mit ihr zusammenleben kannst, ist es ein göttliches Geschenk. Wenn du nicht mit ihr zusammen leben kannst, ist es ein göttliches Geschenk. Wenn du deine Dualseele nicht erkannt hast und einzig weißt, dass du eine Dualseele hast, dann ist das ebenfalls ein göttliches Geschenk.

Deine Bewusstheit ist ein göttliches Geschenk. Und wenn du deine höhere Bestimmung annimmst und Heilkraft aus der Einheit fließen lässt, ist das das eigentliche göttliche Geschenk. Alles andere ist irrelevant.

Dennoch wirst du eventuell dem irdischen Schmerz ausgesetzt sein. Du wirst alle Phasen des Schmerzes durchlaufen, weil es zu deinem menschlichen Leben dazugehört. Vielleicht wirst du weinen, zaudern und zweifeln. Du wirst beten und bitten, sogar betteln und mit Gott verhandeln, dich fügen und erlahmen. Du wirst alles von dir weisen und dich verletzt zurückziehen. Du wirst leiden und dich abwenden.

Und dann wirst du – wenn du dieses Buch liest – wieder die Kraft erhalten, dich deiner Dualseele zuzuwenden. Auch wenn du nicht mit ihr zusammenleben kannst. Auch wenn es eventuell unschöne oder peinliche Worte oder Situationen zwischen euch gegeben hat. Auch wenn ihr euch in diesem Leben niemals wiederseht.

Du wirst dir, dem Leben und deiner Dualseele verzeihen und vergeben. Und dann wirst du deinen Dienst im Namen der göttlichen Schöpfung mit Freude, Glück und Erfüllung antreten, in dem Bewusstsein, dass du immer und jederzeit eins mit deiner Dualseele bist. Wer oder wo auch immer ihr seid, was auch immer geschieht – ihr seid eins. Das wart ihr schon immer, bis in alle Ewigkeit.

Wenn du seelische Schmerzen leidest und Liebeskummer hast, betätige dich schöpferisch. Das liebende Tun wird dir helfen, die Schmerzen zu transformieren. Wende dich nicht ab von deinem inneren Leid. Nimm es an und verwandle es, indem du deine schöpferischen Gaben in die Welt fließen lässt.

Bringe deiner Dualseele, dir selbst und deiner Umwelt fließende Liebe entgegen. Diese fließende Liebe, die sich im schöpferischen Tun ausdrückt, kannst du im Inneren deiner Dualseele widmen oder der ganzen Welt zur Verfügung stellen.

Beginne zum Beispiel, ein Tagebuch zu schreiben. Oder schreibe deiner Dualseele Gedichte oder Briefe, die du bei dir aufbewahrst. Spiele auf einem Instrument, komponiere Lieder, singe, male, betätige dich im Garten, erfinde etwas, backe und koche, kreiere neue Rezepte, schreibe ein Buch, beginne zu basteln oder handwerklich etwas herzustellen, räume deinen Kleiderschrank auf, putze und dekoriere neu oder betätige dich sportlich.

Im kreativen Tun wird deine Seele Stille und Erfüllung gleichzeitig finden. Du verwandelst dein Leid in Schöpferkraft, ganz nach deinen Vorstellungen und deiner Kompetenz.

Du kannst auch ein neues Projekt in Angriff nehmen, also etwas völlig Neues ausprobieren und dein Wissen und Können erweitern. Auf diese Weise machst du die nötigen Schritte, um die leidvolle Erfahrung zu verwandeln.

Allmählich wirst du spüren, wie es wieder leichter wird ums Herz.

Während der tiefsten Tiefen deines Schmerzes wende die folgende Atemheilmeditation an.

Atemheilmeditation bei Liebeskummer

Entspanne dich und atme einige Male tief ein und aus. Schließe die Augen und stell dir deine Dualseele in menschlicher Gestalt vor. Du weißt ja, wer sie ist und wie sie aussieht. Stell dir diese Person vor und reiche ihr in Gedanken deine Hände. Spüre in die Kraft eurer Hände hinein. Verweile einige Zeit und dann beginne, einen rosafarbenen, glänzenden Lichtstrahl um euch herum aufzubauen. Der Lichtstrahl hüllt eure beiden Körper ein. Ihr seid darin geborgen und beschützt.

Sende nun einen hellen, reinen Herzensstrahl, der direkt aus deinem Herzen kommt, auf das Herz deiner Dualseele. Lass Dank- und Herzensverbundenheit fließen. Sag innerlich: Mein Herz grüßt dein Herz. Wir sind in diesem Leben von Herzen im Irdischen verbunden. Wir achten und respektieren uns, wir ehren und lieben uns aus der Ferne mit Achtsamkeit.

Atme nun tief ein und stell dir vor, wie du die Herzensliebe deiner Dualseele ganz in dich hineinatmest. Du atmest die liebende, spirituelle Essenz deiner Dualseele in dich. Beim Ausatmen fließt die Essenz wieder zurück. Gleichzeitig atmet deine Dualseele deine Essenz in sich ein. Wenn du einatmest, atmet dein Gegenüber aus und umgekehrt.

Sieh noch einmal, wie ihr verbunden seid. Bedanke dich bei deiner Dualseele, dass es sie gibt und du die große Gnade hattest, sie zu erkennen. Fülle sie mit der rosafarbenen Energie der Herzensliebe. Sieh, wie die Ener-

giewolke in euch beide eindringt und von euch aufgenommen wird.

Schaut euch an und lächelt.

Dann verneigt ihr euch voreinander und blickt euch zum Abschluss noch einmal in die Augen. Ihr seid Gottes Kinder, ihr seid eins, aber jeder von euch hat in diesem Leben seinen eigenen Weg und seine Bestimmung.

Spüre, wie du die Kraft hast, diesen Weg zu beschreiten: mutig, großartig, liebend, stark und voller Vertrauen.

Richte dich in Gedanken auf und lass nun die Hände deiner Dualseele los. Es ist vollbracht.

Lass ihr Bild langsam verblassen. Ihr seid frei, eure Wege zu gehen.

Atme noch einige Male tief ein und aus. Öffne die Augen, bewege dich, trinke viel und spüre der Dankbarkeit hinterher, die du erfahren hast.

Wenn du möchtest, kannst du diese Meditation immer wieder ausführen.

Eure gemeinsame seelische Reifung

Ob du weißt, wer deine Dualseele ist oder nicht, ihr seid eine Seele in zwei Körpern. Eventuell ist sie gerade nicht inkarniert. Wie auch immer, ihr tragt euch während eurer seelischen Entwicklung gegenseitig. Das bedeutet, dass ihr euch gegenseitig helfen könnt, auf eurem irdischen Weg voranzukommen.

Wenn es dir persönlich gut geht, wird sich das auch auf deine Dualseele übertragen.

Sorge deshalb gut für dich. Achte auf deinen Körper, deine geistige und spirituelle Entwicklung und deine seelische Reifung.

Beziehe deine Dualseele mit ein, damit ihr euch gemeinsam heilen und entfalten könnt.

Alle deine Probleme, Krankheiten, Sorgen und Krisen werden auf deine Dualseele Einfluss nehmen. Ihr seid euch gegenseitig ein Spiegel. Wenn euch dies bewusst ist, verhaltet ihr euch anders.

Arbeite an dir, heile dich selbst, vereine dich mit deiner Dualseele und lass die Dualseelenheilenergie strahlen.

Wenn es dir schwerfällt, mit dir zu arbeiten, schicke Heilkraft zu deiner Dualseele. Über sie wird sich die Heilkraft auch in dir entfalten.

Einer trage des anderen Last. Dieser Satz gilt besonders für Dualseelen. Ihr könnt viel füreinander tun, wenn euch bewusst ist, dass ihr eins seid. Sobald es dir bewusst bist, reicht das schon. Dein Bewusstsein wird sich auch auf alle Prozesse deiner Dualseele auswirken.

Besonders wenn du weißt, wer deine Dualseele ist und mitbekommst, wie ihr Leben verläuft, kannst du konkret für sie da sein. Gerade wenn ihr nicht miteinander lebt und keinen irdischen Kontakt habt, seid füreinander da!

Du wirst sowieso spüren, wenn deine Dualseele traurig ist, wenn es ihr schlecht geht, sie Probleme hat oder sich unwohl fühlt. Du wirst sogar noch viel mehr wahrnehmen. Du wirst wissen, wann sie morgens erwacht und sehr aktiv ist oder eher müde und erschöpft. Wenn du sensibel und offen bist für deine Dualseele, wirst du an ihrem Leben teilhaben, auch wenn du nicht mit ihr zusammen bist.

Hellfühlend, manchmal sogar hellsehend oder hellhörend, werdet ihr miteinander auch im Irdischen verbunden sein. Es hängt dann von deinem Fokus ab, ob du es wahrnehmen willst oder nicht.

Sicher wirst du nicht permanent an deine Dualseele denken und wahrnehmen wollen, ob sie gerade frühstückt oder bei der Arbeit sitzt und grübelt. Aber du wirst wichtige Stationen in ihrem Leben miterleben und diese körperlich, geistig und seelisch wahrnehmen. Vor allem, wenn es einschneidende Veränderungen gibt, es ihr nicht gut geht oder sie mit Problemen zu kämpfen hat.

Du wirst informiert sein, wenn du offen bist und es nötig ist. Dann wirst du es wissen. Oder du wirst es als Vision sehen, es hellhörend erfassen oder körperlich fühlen, zum Beispiel als Gänsehaut, als Druck auf der Brust oder plötzliche Traurigkeit, die über dich hineinbricht. Gleichzeitig wirst du wissen, dass diese Wahrnehmungen von deiner Dualseele kommen und nicht von jemand anderem.

Dann kannst du dich bewusst mit deiner Dualseele verbinden und ihr eure gemeinsame Heilkraftenergie zukommen lassen. Du kannst ihr deine Gebete senden und sie segnen, damit alles wieder in glatte Bahnen kommt. Und du kannst ihr beistehen, wenn schwierige Herausforderungen anstehen, und ihr deine Liebe senden.

Manchmal führt deine Dualseele auch ein destruktives Leben. Sie ist vielleicht arbeitssüchtig oder hängt anderen Süchten nach, vernachlässigt ihre Gesundheit oder verdrängt wichtige seelische Lernprozesse. Vielleicht lebt sie in anstrengenden Verhältnissen, ist arm oder führt eine wenig erfüllende Beziehung.

Vereine dich mit ihr und sende ihr eure gemeinsame Heilenergie, immer wieder. Sei energetisch für deine Dualseele da und füttere sie regelrecht mit segnender Liebe, wohlwollenden Gebeten und eurer gemeinsamen Heilenergie. Du kannst so sehr viel für sie tun und ihr das Leben erleichtern. Wichtige menschliche Lernprozesse kannst du ihr allerdings nicht abnehmen. Diese Erfahrungen hat sie sich für dieses Leben ausgesucht und wird da selbst hindurch müssen. Du kannst ihr aber so zur Seite stehen, dass heilende Kraft wirken kann und wunderbare Veränderungen möglich sind.

Forciere nichts. Lass alles geschehen und wisse, dass du immer auch dich selbst heilst, wenn du deiner Dualseele Heilkraft sendest.

Geliebte Dualseele,
wir erleben unsere Einheit und wissen voneinander.
Wir reifen miteinander.
Wir senden uns Zeichen und sind auch im
Irdischen verbunden,
sodass wir es wahrnehmen können,
wenn wir es wollen.
Seien wir dankbar,
dass es uns gibt.
Seien wir dankbar,
dass wir füreinander da sein können.
Dass wir einander tragen und begleiten.
Wir sind Gottes Traum
und tragen den Traum in unser Leben.
Wir sind gesegnet.
Wir sind Liebende.
Wir sind eins.

Das Zusammenleben mit deiner Dualseele

Es kann sein, dass dir in diesem Leben der heilige Segen beschert wird, dein Leben bewusst mit deiner Dualseele zu teilen. Ihr habt euch erkannt und gefunden. Das ist ein sehr großes und heiliges Geschenk, das gewürdigt werden sollte.

Seid dankbar! Jeden Tag!

Nehmt euch jeden Tag einige Augenblick Zeit, um euch gegenseitig eure Liebe zu offenbaren und euch anzubeten.

Ja, ihr habt richtig gelesen: Betet euch an! Denn ihr seid die Einheit, und die Herrlichkeit. Gottes Liebe auf Erden.

Alles, was euch ausmacht, ist heilig.

Alles, was ihr seid, ist heilig.

Alles, was ihr gemeinsam tut, fühlt und denkt, ist heilig.

Alles, was ihr schöpferisch in diese Welt bringt, zu eurem und zum Wohl aller, ist heilig.

Eure Liebe ist heilig. Eure Verbundenheit ist heilig. Eure Sexualität ist heilig. Euer Alltag ist heilig.

Kann der Mensch überhaupt in diesem Bewusstsein der Heiligkeit existieren?

Ja, er kann! Immer wieder und immer öfter, wenn er bereit dazu ist, diese Heiligkeit in sich anzunehmen, als Teil der Seeleneinheit zu erkennen und furchtlos nach außen ins irdische Leben zu bringen.

Also auch in die anstrengenden Teile des Lebens, die täglichen Pflichten, Ärgernisse, Anstrengungen, Krankheiten und Krisen. Es wird dir nicht immer gelingen, denn du bist ein Mensch mit Stärken und Schwächen. Aber immer wieder wird es dir ins Bewusstsein rücken, und dann wird die Erkenntnis von Liebe und Einheit alles Irdische mit Licht füllen. Es wird dann weniger schwer zu ertragen sein.

Niemand kann immer bewusst sein und ausschließlich diese Heiligkeit leben. Aber es wird dir mit der Zeit gelingen, das Gefühl von Heiligkeit und Segnung mit in den Alltag zu integrieren.

Eure Beziehung ist gesegnet! Ihr seid gesegnet! Auf euch liegt der göttliche Segen voller Licht und Liebe. Mache dir das bewusst. Besonders dann, wenn ihr euch gegenseitig „auf den Wecker“ geht, denn als Mensch kann dir das immer wieder passieren.

Es wird Tage geben, an denen du nur deine Ruhe haben willst. Du bist schlecht gelaunt, müde und erschöpft, alles geht dir auf die Nerven, und du fühlst dich rundherum unwohl und voller negativer Gefühle wie Frust, Wut, Zorn, Langeweile, Überforderung, Unterforderung, Enttäuschung, Trauer und Leid. Vielleicht bist du auch beleidigt und kannst dich selbst nicht leiden. Du unterliegst hormonellen Schwankungen und den Rhythmen des Lebens. Du musst essen, trinken, auf die Toilette gehen, schlafen und anderen Bedürfnissen nachkommen. Du musst Geld verdienen und ständig deinen inneren Schweinehund überwinden, wie jeder Mensch.

Dennoch lebst du mit dem herrlichsten Menschen der ganzen Welt zusammen: mit deiner Dualseele! Und du bist für sie ebenso der herrlichste Mensch der ganzen

Welt. Ihr seid zusammen das Absolute, die Perfektion, die Erfüllung, die Vollendung, die Vollkommenheit!

Und trotzdem kann es sein, dass euch dieses Wissen im Augenblick völlig gleichgültig ist, weil ihr euch schlecht fühlt oder mit anderen irdischen Problemen zu kämpfen habt.

In diesen Momenten sind Toleranz, Achtsamkeit und Einfühlungsvermögen gefragt.

Niemand kann dir deine irdischen Erfahrungen abnehmen. Sie sind gegeben und normal. Wenn ihr beide das so sehen könnt, bleibt ihr gelassen und lasst die Zeit vergehen, bis die Erfahrung durchlebt worden ist.

Lass dich selbst so, wie du bist. Und lass deinen Partner so sein, wie er ist. Erkenne die Weisheit, dem anderen den Freiraum zu lassen, den er für seine Reife und Entwicklung benötigt. Manchmal wird er dich brauchen, damit du ihn in den Arm nimmst und tröstest, ihm etwas abnimmst und für ihn da bist, um ihm über die Erfahrung hinwegzuhelfen. Aber es kann auch sein, dass er Momente der Stille und Einsamkeit braucht, um wieder ganz zu sich selbst zurückzufinden. Und dir wird es genauso ergehen.

Erkenne behutsam die Weisheit, wann welches Verhalten angesagt ist. Dasselbe gilt auch für dich. Kommuniziert deshalb offen und ruhig miteinander und sagt mit offenem, liebenden Herzen, was ihr euch im Augenblick wünscht: Zuwendung oder Alleinsein, konkrete Hilfe oder ein liebes Wort des Trostes und Verständnisses, gemeinsame Aktivitäten und Nähe oder viel Freiraum, um eigene Erlebnisse machen zu können.

Die meisten Probleme in Beziehungen entstehen durch Kommunikations- und Verständigungsprobleme. Es fehlt an der konstruktiven Auseinandersetzung über die wirklichen Bedürfnisse des Einzelnen.

Wenn du etwas vermisst oder dich nach einem bestimmten Verhalten deines Partners sehnst, dann sage es ihm. Offenbare es ihm, ohne Vorwürfe, Vorhaltungen, Erwartungen, Drohungen und sarkastische Bemerkungen. Kommuniziere offen, ruhig, kreativ, liebevoll. Passe deinen Tonfall deiner liebenden Offenheit an.

Lass stets ein Wort des Dankes in die Kommunikation fließen und bedenke, dass deine Dualseele dein Spiegel ist. Liebevolle Worte und Taten werden liebevolle Reaktionen auslösen. Missverständnisse werden aber ebenso gespiegelt. Dann gilt es, diese sofort aufzulösen und zu klären.

Sätze wie: Ich verstehe dich, ich danke dir, ich finde es gut, dass du...schaffen Vertrauen und machen deutlich, wie wertvoll dir dein Partner ist.

Sätze wie: Ich wünsche mir so sehr, ich habe eine Bitte, ich möchte dich gerne fragen, ob...signalisieren, dass du ein bestimmtes Verhalten deines Partners dringend brauchst und machen ihn darauf aufmerksam. Erwarte dennoch nicht, dass er sofort darauf eingeht. Eventuell hört er nicht zu oder ist zu sehr mit eigenen Belangen belastet. Kommuniziere dennoch weiter, ohne Gereiztheit oder Vorwurf in deiner Stimme.

Nicht immer wird eine optimale Kommunikation gelingen, und manchmal gibt es doch Streit. Akzeptiere auch das und bemühe dich, wieder zurück in einen harmonischen Zustand zu kommen. Fokussiere dich dann auf die geistig-seelische Ebene und die Einheit, die ihr seid. Löse dich aus dem irdischen Geschehen, um eure Liebe wieder fließen zu lassen, indem du deine Aufmerksamkeit auf euer Einssein lenkst. Auch wenn du deinen Partner im Augenblick „auf den Mond schießen“ möchtest, lenke deine Aufmerksamkeit auf alles Schöne in eurem Leben und auf die geistig-seelische Einheit. Ihr seid eine einzige Seele. Schon vergessen?

Und nun lache laut über all die irdischen Missstimmungen, denen Menschen nun einmal ausgesetzt sind. Verzeihe dir und deinem Partner und lass alles los.

Nimm es mit Humor.

Sieh in euch beiden nur das unendliche Licht und die Liebe Gottes. Jeder Mensch ist dieses Licht. Jeder Mensch ist diese Liebe. Alles ist eins.

Fühlst du dich wieder besser?

Nimm dein Leben immer wieder mit Humor und nicht so bitterernst. Lache über dich, entspanne dich, lass dich treiben und genieße!

Euer Zusammenleben als Dualseelenpartner wird in der Regel harmonisch sein, wenn ihr euch eurer Einzigartigkeit und Einheit bewusst seid.

Es ist dieses Bewusstsein, das euch über die Zeiten hinwegträgt und eure Liebe wachsen lässt. Ihr werdet eine besondere Tiefe erleben, die ihr noch fördern könnt, wenn ihr euer Zusammensein als heilig betrachtet, es ehrt und im Irdischen durch gemeinsame Rituale zelebriert.

Kleine Alltagsrituale für die Liebe:

- Feiert besondere Tage im Monat als Partnerschaftstage. Unternehmt etwas zusammen, denkt aneinander, macht euch gegenseitig kleine Geschenke, seid besonders aufmerksam und zärtlich zueinander, zündet eine Kerze an, betet miteinander und dankt für euer Zusammensein.
- Errichtet einen gemeinsamen Altar, um besondere Erinnerungen aufzustellen oder zur gemeinsamen Meditation, zum gemeinsamen Gebet zusammenzukommen.
- Sucht gemeinsam Kraftplätze und heilige Orte auf, an denen ihr euch eurer Einheit besonders bewusst und dankbar seid, euch küsst, in die Arme nehmt und eurer Liebe gedenkt. Das kann ein besonderer Baum sein, eine Kirche, ein Torbogen, eine Waldlichtung, ein Platz an einem Bächlein, ein Wegkreuz, eine Wasserquelle oder eine Parkbank unter Rosen. Wählt einen Platz, der für euch stimmig ist.
- Entwerft einen gemeinsamen Spruch, ein Gelöbnis oder ein Ritual der Heilung, Einheit und Verbundenheit. Dies kann zum Beispiel das Hochzeitsritual sein, das ihr in diesem Buch beschrieben findet. Sprecht diesen Text immer wieder an besonderen Tagen laut miteinander. Bekräftigt dadurch eure Zusammengehörigkeit und Einheit auch im Irdischen.
- Tragt Ringe, Schmuckstücke oder Bänder der Liebe und Einheit.

- Weiht einen besonderen Kristall oder Edelstein zu eurem Schutz- und Partnerschaftsstein.
- Legt ein selbst geschriebenes Buch mit glücklichen Botschaften eurer Partnerschaft an.
- Schickt euch Liebes-E-Mails, hinterlasst euch liebende Botschaften und kleine Nachrichten im Alltag.
- Wenn dein Partner im Augenblick nicht die Kraft hat, sich um eure Beziehung zu kümmern, tu du es! Warte nicht, dass dein Partner aktiv wird.
- Gehe selbst in die Aktion und unterstütze deinen Partner tatkräftig oder verbal, damit er wieder in seine Kraft kommen kann. Das Dualseelenheilungsritual kannst du jederzeit für eure Beziehung anwenden.
- Berühre deinen Partner oft. Berührungen schaffen Verbundenheit, wirken entspannend und lösen Stress.
- Sprich mit deinem Partner. Sag ihm, wie wichtig er dir ist und wie sehr du ihn liebst.
- Warte nicht auf die Aktion deines Partners. Sei ein Liebender/eine Liebende. Verwende Gesten, Berührungen und Worte der Liebe, um deinem Partner über anstrengende Situationen und Lebensspannen hinwegzuhelfen.
- Seid füreinander da. Betet euch an. Liebt euch. Zeigt euch eure Liebe im Alltag.
- Wenn dein Partner es gerade nicht kann, du kannst es! Sei dir deiner Macht bewusst! Du kannst lieben. Du kannst verändern. Du kannst aktiv an eurer Beziehung arbeiten. Du kannst Wunder möglich machen, wenn dir bewusst ist, dass du es kannst.

- Entscheide dich dafür, und Wunder werden tatsächlich geschehen.
- Sprich immer wieder laut aus, wie sehr du liebst: „Du bist der wunderbarste Mensch der Welt. Ich liebe dich so sehr. Ich bin so glücklich, dass es dich gibt.“
- Wenn es dir nicht möglich ist, dies laut auszusprechen, sodass es dein Partner hört, schreibe es ihm. Schick ihm eine Mail. Hinterlasse ihm eine Nachricht auf einem Zettel. Überrasche ihn mit dieser Nachricht, indem du den Zettel aufs Bett legst oder auf seinen Schreibtisch. Auch deine E-Mail wird ihn positiv überraschen! Tu es! Schreibe oder sprich es, auch wenn du es bis jetzt noch nie getan hast. Hab den Mut! Aber erwarte nichts. Du wirst spüren, wenn dein Partner sich freut! Das ist schon Dank genug.

☆☆☆

Ich bete dich an, geliebte Dualseele.
Ich bete dich an, dich Mensch,
der du meine Dualseele bist.
Mir ist bewusst,
dass unser Leben heilig ist,
dass unsere Liebe heilig ist,
dass alles an und mit uns heilig ist.
Wir sind heilig.
Wir sind gesegnet.
Gottes Segen liegt auf uns.
Gottes Liebe wirkt in und durch uns.

So bewahren wir unsere gegenseitige
Liebe in unserem Herzen,
um sie in unserem Alltag wirken zu lassen.
Wir achten und respektieren uns als Mensch.
Wir gehen achtsam und behutsam miteinander um.
Ich liebe dich.
Ich liebe dich unendlich und ewig,
unsterblicher Geliebter/unsterbliche Geliebte.
Du bist ich.
Ich bin du.
Wir sind eins.
Für immer und ewig.
In uns wirkt Gott.
Wir sind Gottes Traum in Aktion.
Wir sind die Liebe Gottes in Aktion.
Wir sind ewig.
Wir sind dankbar und voller Freude.

Die Mann-Frau-Konstellation

Bewahre dir deine innerliche Unabhängigkeit und projiziere immer wieder auftretenden Mangelgefühle nicht auf deinen Partner. Ihr seid Dualseelen, verbunden in einer heiligen Beziehung, und doch unterliegt ihr dem menschlichen Dasein mit allem, was dazugehört.

Dazu gehört auch, dass Männer und Frauen die Welt unterschiedlich begreifen und erfahren. Deine Genetik und deine hormonelle Situation sowie deine Lebensbedingungen sind mit entscheidend, wie deine Wahrnehmung der Welt ist, wofür du dich interessierst, wie du empfindest, denkst und handelst. Hinzu kommt deine individuelle Einzigartigkeit.

Deshalb ist es wichtig, immer wieder sämtliche Erwartungen und Vorstellungen, deinen Partner betreffend, loszulassen. Nur weil er deine heilige Dualseele ist, heißt das nicht, dass er im Alltag ganz mit dir verschmilzt und ihr eine symbiotische Beziehung führt, die in eine ungesunde Abhängigkeit führt.

Symbiose ja, aber frei und unabhängig. Übernimm deshalb die Verantwortung für dich. Für deine Wünsche, Lebensträume, Gedanken, Gefühle und Handlungen.

Erwarte nicht, dass deine Dualseele (oder irgendein anderer Mensch) dieses Buch liest und sofort Feuer und Flamme für alle Rituale ist und gemeinsam mit dir alles umsetzt, was dir zum Thema Dualseelenliebe wichtig ist.

Dies ist dein Buch. Es ist für dich geschrieben. Und es ist deine eigene Dualseelenerfahrung. Sei du ein Liebender/eine Liebende.

Wenn deine Dualseele es lächerlich findet, sich rituell geistig-seelisch mit dir zu vereinen und dafür Zeit zu investieren, dann ist das so. Lass sie so, wie sie ist. Missioniere nicht, dränge ihr nichts auf, führe keine überzeugenden Gespräche.

Sei einfach nur da. Sei glücklich, dankbar, dass ihr euch habt, und genieße das Leben.

Da ihr eine Dualseelenbeziehung führt, ist es dennoch sehr wahrscheinlich, dass dein Partner offen ist für die Verschmelzungsrituale und auch für das Wissen rund um die Dualseelenliebe. Dennoch: Forciere nichts. Erwarte nichts. Verlange und fordere nichts.

Wenn dein Partner männlich ist und lieber Fußball im Fernsehen sieht, dann ist das so. Es ist seine Freude als Mensch. Lass ihm diese Freude und freue dich für ihn.

Wenn deine Partnerin weiblich ist und lieber eine Romanze im Fernsehen sieht, dann ist das so. Es ist ihre Freude als Mensch. Lass ihr diese Freude und freue dich für sie.

Lebt eure Individualität und freut euch aneinander.

Wenn nur du diese Freude empfindest, dann ist das so. Freue dich. Liebe. Verschmelze mit deiner Dualseele im Geistig-Seelischen, sende Heilkraft aus eurer Vereinigung heraus und verändere damit die ganze Welt.

Es liegt immer in deiner Macht. Niemand sonst kann es. Nur du! Weil es dir bewusst ist.

Geistig-seelisch seid ihr sowieso eins. Nimm dieses Wissen stets aufs Neue in dein Bewusstsein, wenn dich das menschliche Leben zermürbt und du dich als Frau oder als Mann unverstanden fühlst.

Für dich als Frau gilt:

Sei dankbar, dass du eine Frau bist. Genieße es, eine Frau zu sein und deine Weiblichkeit zu leben.

Du bist eine Empfangende, die in der Hingabe an das Leben, das Dasein und in der Lebendigkeit ihrer Fähigkeiten Erfüllung findet. Sei stolz auf dich: auf deine Sanftheit, Weichheit, Weisheit, Milde, Güte, Anschmiegsamkeit, Schönheit, Eleganz, Grazie, Tapferkeit, dein Durchhaltevermögen, deine weibliche Stärke. Sei stolz auf alles, was dich persönlich auszeichnet, zum Beispiel deine Entschlossenheit, Standhaftigkeit, Bewusstheit.

Öffne dich und nimm den Strom der Welt in dir auf.

Öffne dich und liebe.

Für dich als Mann gilt:

Sei dankbar, dass du ein Mann bist. Genieße es, ein Mann zu sein und deine Männlichkeit zu leben

Du bist der Zeugende, der tatkräftig handelt und sich ins Leben einbringt, ins Dasein, in die Lebendigkeit des Lebens mit all seinen Fähigkeiten. Sei stolz auf dich: auf deine Härte, Festigkeit, deinen Wissensdurst, deine Neugierde, Rauheit, Tatkraft, Schönheit, Eleganz, Tapferkeit, deinen Mut, deine männliche Stärke. Sei stolz auf alles, was dich persönlich auszeichnet: deine Entschlossenheit, Standhaftigkeit, Bewusstheit.

Öffne dich und verströme dich.

Öffne dich und liebe.

Respektiert euch in der unterschiedlichen Geschlechterrolle. Seid milde und habt ein Nachsehen, wenn es diesbezüglich manchmal zu Missverständnissen kommt. Seid Liebende, immer! Liebt es, ein Mann und eine Frau zu sein. Liebt es, dass der andere anders, einzigartig ist.

Das ist großartig! Es ist wunderbar zu wissen und zu erleben, dass jeder Mensch einzigartig ist.

Liebe es, dass ihr zusammen seid. Liebe es, dass euch das Geschenk einer Beziehung zuteil wird. Liebe es, dass ihr die Chance habt, euch auf euren Lebenswegen zu begleiten.

Wenn es dein Partner gerade nicht kann, du kannst es!

Du kannst immer lieben. Du kannst immer und überall das Wunderbare sehen und fühlen. Es liegt in deiner bewussten Entscheidung, ob du es in deiner Beziehung sehen willst.

Entscheide dich dafür. Damit befreist du dich aus sämtlichen Erwartungshaltungen. Du bist frei zu leben und zu lieben und dein Leben über alle Maßen in Freude und Seligkeit zu genießen.

Übernimm dazu die Verantwortung für dich, eure Beziehung. Sag nicht, dass der andere Schuld ist und etwas verändern soll. Verändere du! Du allein hast die Macht für alles, weil du dir dessen bewusst bist.

Deine Bewusstheit verändert alles.

Im Geistig-Seelischen wirst du die Weichen für harmonische Veränderungen innerhalb deiner Beziehung stellen. Gehe in die Bewusstheit der Einheit, aktiviere die

Verschmelzung und sende die Heilkraft der absoluten, ewigen Einheit in eure Beziehung.

Sei dir der Ewigkeit bewusst! Sei dir bewusst, dass es etwas Höheres gibt als das menschliche Geschlechtergeplänkel, den Alltagstrott und die Frage, wer den Müll herunterbringt.

Du wirst dennoch alle diese Alltagsfragen klären und Absprachen für ein harmonisches Miteinander treffen. Aber es wird in der Bewusstheit geschehen, dass ihr eins seid und die oberste Priorität eurer Beziehung etwas Höheres und Heiliges ist.

Ihr werdet euch dann nicht an den Alltagsdifferenzen festbeißen und auf eurem Recht zu beharren. Ihr werdet die Rechthaberei loslassen, weil sie unwichtig und lächerlich ist. Ihr werdet euch selbst mit anderen Augen sehen, mit den Augen der Liebe, so, wie Gott und die Engel euch sehen. Mit den Augen der Liebe betrachtet, sind alle menschlichen Auseinandersetzungen Kinkerlitzchen. Ihr werdet lachen, euch gegenseitig entschuldigen, euch verzeihen und vergeben und eure Aufmerksamkeit wieder auf die Liebe lenken. Deshalb wird eure Energie – wenn ihr euch eurer heiligen Liebe bewusst seid – nicht auf eure Mann-Frau-Differenzen, sondern auf eure Einheit gerichtet sein. Ihr werdet euch immer wieder bewusst sein, dass ihr eure heilige Beziehung zum Wohl aller lebt, im Dienst der göttlichen Schöpfung.

Seid euch Gottes Traum bewusst. Gott träumt eure Bestimmung.

Wenn es dein Partner gerade nicht kann, du kannst es!

Es liegt in deiner Macht, ein Liebender zu sein, und zwar immer und ewig, in allen Dimensionen, auf allen Ebenen, in allen Situationen und natürlich auch im ganz banalen Geschlechteralltag.

☆☆☆

Ich freue mich
an unserer Individualität.
Mit liebenden Augen
und einem lachenden Herzen
betrachte ich unser gemeinsames Leben
und unsere Ungeschicklichkeiten im
Umgang miteinander,
die aus unserem Mann-Frau-Verhältnis herrühren.
Ich öffne mein Herz.
Ich kommuniziere frei und offen,
um die Aufmerksamkeit auf unsere Einheit zu lenken.
Wenn du es gerade nichts kannst,
geliebte Dualseele, dann kann ich es!
Ich kann es immer und ewig.
Ich habe die Macht zu lieben.
Ich bin ein Liebender/eine Liebende,
und mit dieser Liebe verändere ich die irdische Welt
und harmonisiere unsere heilige Beziehung
bis hinein in den Alltag.

Gemeinsames Wirken für die Welt

Vergesst nicht, dass ihr nicht nur auf der Welt seid, um Freude aneinander zu haben. Eure Bestimmung liegt in Gottes Händen. Deshalb stellt eure Liebe und Partnerschaft in den Dienst der gesamten Schöpfung.

Euer Erkennen und Zusammenleben haben einen tieferen und höheren Sinn! Ihr seid Lichtbotschafter für diese Welt, Herzensbotschafter der Liebe. Ihr seid auserwählt für den heiligen Dienst im Irdischen und könnt euch für diese Aufgabe entscheiden, wenn ihr es wollt.

Bitte nehmt diese Aufgabe in Freude und Dankbarkeit an. Es ist ein Privileg, ein Herzensbotschafter der Liebe zu sein.

Ihr könnt dieser Aufgabe auf mehrere Arten gerecht werden. Die folgenden Vorschläge stellen lediglich einen Leitfaden dar und sollen euch Impulse geben, über das Thema „gemeinsame Aufgaben“ konstruktiv nachzudenken. Am besten ist es, wenn ihr eigene Rituale und Ideen verwirklicht, denn ihr wisst, wie ihr euch als Herzensbotschafter einbringen könnt.

- Spendet einen Teil euers gemeinsamen Vermögens einer sozialen Einrichtung.
- Setzt euch für benachteiligte Menschen und Lebewesen ein.
- Gründet eine Stiftung, wenn ihr die finanziellen Mittel dazu habt.
- Widmet einen Teil eurer Lebensaufgabe der Heilung

von Mutter Erde, packt aktiv mit an, setzt euch ein, gründet einen Verein oder werdet Mitglied in einer Organisation, die sich um das Wohlergehen der Welt kümmert.

- Betet regelmäßig einzeln und gemeinsam für das Wohl des gesamten Universums.
- Vereint euch in Liebe, wie ihr es in diesem Buch gelernt habt, um bewusst und während einer gemeinsamen Aktion und Meditation Heilenergie zielgerichtet zu versenden. Tut dies jeder für sich oder gemeinsam, haltet euch dabei an den Händen oder liegt euch in den Armen.
- Sucht immer wieder einmal einen göttlichen Platz auf, zum Beispiel einen Kraftplatz oder eine Kirche, dankt und betet. Sendet bewusst eure Herzensenergie aus, um für andere Menschen und den ganzen Planeten da zu sein.
- Seid euch immer wieder eurer Heiligkeit und Einheit bewusst und handelt im Alltag in Liebe. Was immer ihr tut, tut es aus Liebe: eure Haushaltsführung, eure beruflichen Aufgaben, eure Elternpflichten, eure Freizeitgestaltung. Lasst eure verbundene Liebesenergie überall hineinfließen: in euer Denken, euer Fühlen und euer Tun.
- Werdet immer wieder gemeinsam kreativ tätig. Sucht euch dafür Tätigkeiten, die euch beiden Freude bereiten, zum Beispiel musizieren, malen, kochen, gärtnern, basteln, tanzen, singen, Sport treiben usw. Lasst andere an eurem kreativen Tun teilhaben. Integriert

sie in euer Tun oder bringt eure Gaben und Erzeugnisse zum Wohl aller in die Gemeinschaft ein.

- Lasst euch immer wieder Freiraum zur eigenen Entfaltung. Verbringt Zeit alleine, lernt miteinander zu schweigen und euch in Ruhe zu lassen. Jeder sollte seinen eigenen Freundeskreis und eigene Bereiche für sich haben, wenn möglich, auch einen eigenen Rückzugsraum.

- Solltet ihr verheiratet sein, lasst euch immer wieder segnen und erneuert euer Eheversprechen. Immer wieder! Das stärkt eure Verbundenheit im Alltag.
- Wenn euch eine kirchliche und/oder standesamtliche Trauung nicht liegt, ihr euch aber ein Ritual für eure Verbundenheit wünscht, könnt ihr das mit Hilfe einer freien Trauung, die gesetzlich nicht bindend ist, ins Leben rufen. Ihr könnt auch ein anderes Lebensritual für eure Verbundenheit mit Hilfe eines lieben Freundes oder innerhalb einer spirituellen Gruppe stattfinden lassen. Oder euch selbst im Angesicht der Heiligkeit Gottes trauen.

☆☆☆

Lobpreisung eurer Einheit

Tretet an euren Altar oder sucht einen göttlichen oder Kraftplatz auf. Kniet nieder, wenn es für euch stimmig ist. Reicht euch die Hände und schaut euch an.

Sprecht gemeinsam:

„Wir danken für unser Zusammenleben.

Wir sind glücklich miteinander und lobpreisen unsere Verbundenheit.

Wir sind im Geist und seelisch eins und lieben unsere körperliche Verbundenheit.

Wir ehren und achten uns und stellen unser Leben unter den göttlichen Segen.

Wir senden unsere vereinte Herzens- und Heilkraft hinaus in die Welt, zum Wohl aller.

Wir widmen unsere Liebe dem Dienst an der göttlichen Schöpfung.

Für immer, in Bewusstheit, mit Freude und Dank in ewiger Liebe."

Sprecht nun jeder einzeln:

„Ich liebe dich, (hier den Namen deines Partners einsetzen).

Ich bin dankbar, dass es dich gibt und dass wir zusammen leben.

Ich sehe in dir das göttliche Licht, die ewige Liebe und unsere ewige Verbundenheit.

Für immer und ewig in tiefer Liebe.

Ich segne dich.

Unsere Verbundenheit ist göttlich und heilig."

Eure heilige Sexualität

Das Thema Sexualität ist immer auch von deiner persönlichen, menschlichen Erfahrung geprägt. Deshalb kann es sein, dass diesbezüglich in dir noch einiges geheilt werden sollte.

Die neue Schwingungsenergie der Erde, das Öffnen und Entfalten des menschlichen Bewusstseins und das Wirken der göttlichen Liebe im Alltag tragen stets zur Heilung bei, auch zur Heilung der Sexualität.

Die folgenden Zeilen geben einen Ausblick auf ein neues, wunderbares Miteinander bezüglich der menschlichen Sexualität.

Bitte öffne dich behutsam und sanft dieser neuen Qualität der menschlichen Liebe.

Wenn du bereit bist, die sexuelle Begegnung mit deinem Partner als eine heilige Begegnung zu betrachten, werden sich dir neue, bereichernde Erfahrungen auftun. Die gelebte Sexualität mit deiner Dualseele ist eine besonders erfüllende Erfahrung.

Du kannst auch alles, was du hier liest, auf deine jetzige Partnerschaft übertragen. Erinnere dich: Alles ist eins. Jeder ist eins mit jedem auf der Ebene der göttlichen Einheit. Gott träumt dich. Gott träumt jeden von uns. Gott träumt die gesamte Schöpfung. Gott träumt auch deine Sexualität. Und je erfüllender sie für dich ist, desto besser kannst du Gott und die Welt fühlen.

In der menschlich-körperlichen Vereinigung ist es möglich, Gott ganz nahe zu sein. Dies sind heilige Momente, mit welchem Partner du sie auch immer erlebst.

Mit deiner Dualseele zusammen ist diese Erfahrung das Paradies auf Erden. Wie ein Gesang und Lobpreis der fließenden Liebe. Eine Gnade, ein Geschenk Gottes.

Genieße es deshalb, einen Körper zu haben und deine Lust mit einem geliebten Partner zu teilen. In der Bewusstheit eurer ewigen Einheit könnt ihr euch noch einmal neu und anders begegnen.

Sicher, es mag Momente geben, da ist pure Sinnlichkeit so überwältigend, dass du an nichts anderes mehr denken kannst als an heißen Sex und die Befriedigung deiner Lust. Das ist in Ordnung. Es spricht absolut nichts dagegen, deinen irdischen Trieben nachzugeben und im Glück der körperlichen Erfüllung zu schwelgen.

Je mehr Freude du am Leben hast, desto eher wird dir auch die körperliche Liebe Freude bereiten. Lust und Lebenslust hängen miteinander zusammen.

Sei dir dennoch bewusst, dass Sexualität immer etwas Heiliges ist. Ihr seid auserwählt, als Dualseelenpartner, eure Einheit auf allen Ebenen zu erleben. Das ist etwas ganz Besonderes!

Die Heiligkeit eurer Sexualität beschränkt sich nicht nur auf den körperlichen Akt. Eure Sinnlichkeit, Liebe und Verbundenheit solltet ihr täglich miteinander erfüllend erleben.

Kleine Rituale schaffen Geborgenheit und schenken wohltuende Momente im Alltag. Sie helfen, die körperliche Sinnlichkeit auch über die Jahre hinweg lebendig zu halten. Oft sind es die kostbaren kleinen Augenblicke im Leben, die das Band des körperlichen Begehrens aufrechterhalten und erkennen lassen, wie schön es ist, als Mensch geboren zu sein.

Der menschliche Körper ist das Tor zur Seele. Körperliche Freuden verwöhnen die Seele. Und gemeinsam erlebte körperliche Freude stärkt das Gefühl der Verbundenheit im Alltag.

Die folgenden Ideen sollen dich inspirieren. Sie sind Vorschläge für mehr Sinnlichkeit, Erotik und liebevoll erlebte Körperlichkeit. Auch wenn du nicht mit deiner Dualseele zusammenlebst, sondern mit einem lieben Seelenpartner, genieße dennoch eure heilige Sexualität. Mit jedem Partner kannst du als Mensch „den Himmel auf Erden" erleben, wenn du dieses möchtest.

Kleine Liebesrituale für den Alltag:

- Atmet euch gegenseitig: Steht euch gegenüber und praktiziert das gemeinsame Atmen. Wenn du einatmest, atmet dein Partner aus. Du nimmst seinen Atem in dir auf und umgekehrt.
- Schnuppert aneinander: Liebe geht durch die Nase. Riecht und schnuppert euch immer wieder. Nehmt eine Prise Essenz von euerm Partner.
- Schaut euch tief in die Augen: Das tiefe Schauen lässt hinter alle Körperlichkeit sehen. Ihr seid die Reinheit und Schönheit eurer seelischen Einheit. Ihr seht euch selbst im anderen.
- Legt eure Lippen aufeinander: Spürt die Zartheit eurer Lippen. Schließt dabei die Augen und werdet eins.

- Tauscht Zungenküsse aus: Tiefe, heiße Zungenküsse sind sehr erregend, machen Lust auf mehr oder besiegeln eure absolute Verbundenheit.
- Berührt euch mit den Händen, zart und sachte oder fest und sicher: Über die Kraft eurer Hände seid ihr stets miteinander in nonverbaler Kommunikation. Spürt einander über diese wunderbare begreifbare Kraft.
- Seid zärtlich: Streichelt euch, verwöhnt euch, krault und massiert euch.
- Kuschelt oft und viel: Schmusen ist schön und stärkt das Miteinander.
- Legt euch im Bett aneinander, spürt eure Körperwärme: Das Spüren des ganzen Körpers macht satt und lebendig und entspannt gleichzeitig.
- Hört den Herzschlag des anderen: Der Herzschlag des Partners schafft Ruhe und inneren Frieden.
- Setzt euch hintereinander und umfasst euch: Diese schöne Haltung stärkt das Gefühl, miteinander verbunden zu sein und euch gegenseitig zu tragen.
- Berührt euch sinnlich: Eure Hände können Schlüssel zur Erotik sein. Zieht euch nackt aus und streicht euch mit den Fingerspitzen über den ganzen Körper.
- Werft euch schmachtende Blicke zu, flirtet miteinander.
- Schreibt euch eindeutig zweideutige Botschaften.
- Sagt euch, wie sehr ihr euch begehrt und wie wundervoll ihr euch findet.
- Betet euch voller Bewunderung an, voller Begierde, voller Verlangen, voller Verheißung: Dies kann mit ein-

deutigen Blicken oder laut geäußerten Sätzen geschehen.

- Verführt euch, indem ihr euch um den Partner bemüht und für ihn kreativ werdet: Ein bisschen Romantik tut immer gut. Ebenso kleine Überraschungen, die den anderen zu Tränen rühren und ihm sagen, wie sehr ihr ihn liebt.
- Habt keine Angst vor der Leidenschaft. Leidenschaft und Heiligkeit schließen sich nicht aus. Lebt eure wilde Lust aus, wenn es sich ergibt: ursprünglich, archaisch und temperamentvoll.

Es ist ein wundervolles Gefühl, wenn du dich mit deinem Dualseelenpartner sexuell vereinst. Koste diesen heiligen Moment aus, wenn ihr euch begegnet. Das ist für eine Frau der Moment, wenn der Partner in sie hineinkommt und in ihr ist. Für einen Mann ist es der Moment, wenn er in die Frau hineinkommt und in ihr ist.

Wenn ihr euch beide diesem heiligen Geschehen hingeben könnt, euch mit Freude, Liebe und Lust empfangt, verändert ihr eure Wahrnehmung und verbindet alle Ebenen eurer Begegnung auf natürliche Weise. Ihr seid eins im Körperlichen, Geistigen, Seelischen und spirituell. Vereinigung ist ganzheitlich erlebbar.

Haltet kurz inne und spürt in diese Erfahrung hinein. Es ist großartig! Ihr seid auf allen Ebenen verbunden. Jetzt, während ihr miteinander Sex habt. Spürt in diese Erfahrung hinein, freut euch, lasst das ekstatische Gefühl der ganzheitlichen Vereinigung in euch entstehen und haltet es für einige Momente aufrecht. Egal, wie euer Sex sonst verläuft, dieses Gefühl übertrifft alles andere, zu wissen: Jetzt seid ihr Gott ganz nahe. Ihr erlebt einen Moment tiefster Hingabe, Erfüllung und Vollkommenheit. Alles ist perfekt, weil ihr euch so nahe seid, wie es als Mensch möglich ist. Es ist eine heilige Erfahrung, für die du dich entscheidest. Du machst aus dieser Begegnung durch deine Bewusstheit eine heilige Erfahrung. Weil du es so willst und genauso auch wahrnehmen kannst.

Es liegt immer an dir, wie du eure Sexualität erleben willst.

Du kannst dich völlig gefahrlos voll und ganz einbringen. Du kannst dich selbst verlieren in diesen himmlischen Augenblicken, ohne für immer verloren zu sein. Du kannst hinwegfließen und dich vor Lust und Liebe auflösen. Ja, du kannst dich deinem Partner schenken, ganz und gar, mit Haut und Haaren. Und wirst dabei neu geboren und wieder auferstehen. Denn als Dualseelen seid ihr sowieso eins. Die körperliche Erfahrung wird dann so überirdisch schön sein, dass sie nicht von dieser Welt ist. Ihr werdet also miteinander eine neue Welt erschaffen. Beim Sex. Auch wenn es ist wie immer. Die Bewusstheit verändert alles.

Ihr seid euch bewusst, dass ihr heiliges Terrain betretet, wenn ihr euch körperlich vereint. Ihr seid euch bewusst, dass eure Begegnung heilig und das Absolute vom Absoluten ist. Ihr bestimmt es selbst. Und seid mitten im schöpferischen Prozess, eine ekstatische Erfahrung zu machen, die alles verändert und euch der Einheit mit Gott nahebringt.

Das ist schön! So schön!

Was musst du tun, damit du die Heiligkeit beim Sex erleben kannst?

Entscheide dich dafür, dass eure Begegnung heilig ist und das Höchste und Schönste von allem ausdrückt. Gib dich hin, lass zu, dass sich dieser Prozess entfaltet. Sei ein Liebender/eine Liebende und bringe dich selbst dar als Geschenk. Sei dir bewusst, dass du es kannst.

Wenn dein Partner es gerade nicht kann, du kannst es!

Es ist immer deine Entscheidung, auch in Bezug auf die gemeinsame Sexualität.

Wie möchtest du eure sexuelle Begegnung wahrnehmen?

Entscheide selbst.

Die Welt ist immer so, wie du sie siehst, sie empfindest, wie du darüber denkst! Also sieh, empfinde und denke daran, dass eure sexuelle und jede andere Begegnung heilig ist. Alles, was ihr euch schenkt, ist heilig. Alles, was ihr miteinander teilt und miteinander erschafft, ist heilig. Jeder Kuss ist heilig, jeder Blick, jeder Atemzug, jede Aktivität, jede gemeinsame Sehnsucht, einfach alles von euch ist heilig.

Es ist völlig irrelevant, ob du im Bett eine gute Figur machst, ob du einen Höhepunkt erlebst, ob es ist wie immer oder ganz anders. Wichtig ist nur, dass du innerlich „Ja“ sagst zu dieser ganzheitlichen, heiligen Vereinigung. Dann koste die heiligen Augenblicke voll und ganz aus. Genieße sie.

Genieße es als Frau, deinen Geliebten ganz in dir zu haben.

Genieße es als Mann, ganz in deiner Geliebten zu sein.

Genieße es, miteinander Lust zu erleben.

Genieße es, die Lust des Partners zu erleben.

Genieße es, auf allen Ebenen eins zu sein, in diesem Augenblick, jetzt! Denn der Augenblick wird im irdischen Raum-Zeit-Gefüge vergehen. Aber jetzt, jetzt ist es so! Und es ist himmlisch!

Sehne dich danach, diese Augenblicke immer wieder zu erleben. Oh, es ist so schön, einen Körper und Sex zu haben! Liebe diese Tatsache! Liebe es, mit deinem Dualseelenpartner Sex zu haben. Besser geht es doch nicht. Es ist der Himmel auf Erden, das Paradies. Und nach der körperlichen Vereinigung wirst du spüren, wie du von innen heraus leuchtest, weil eure Begegnung heilig war. Weil du es so empfindest. Besser noch: Weil ihr es gemeinsam so empfindet!

Selbst wenn nur du es so empfindet, ist es so. Es ist heilig, großartig, wunderbar, erfüllend.

Das ist die Chance der Dualseelenpartnerschaft. Eure Bewusstheit wird alles heiligen und heilen! Ihr könnt den Himmel auf die Erde bringen! Miteinander und füreinander!

Bist du bereit?

Es genügt, wenn du bereit bist. Du allein entscheidest dich für die Bewusstheit.

Ist dein Partner auch bereit?

Wenn nicht, dann lass ihn. Er macht seine eigenen Erfahrungen. Sei du da und liebe ihn. Liebe ihn auf allen Ebenen. Danke ihm für eure herrliche Sexualität. Alles andere wird wachsen und gedeihen.

☆☆☆

Ich genieße es, einen Körper zu haben,
um mit ihm die heilige Sexualität zu erleben.
Diese einzigartige Erfahrung
voller Lust und Lebenslust,
in Hingabe, in Freude, in Erfüllung.
Ich entscheide mich, unsere sexuelle Begegnung
als einzigartig und heilig zu betrachten
und sie mit Leidenschaft und Zartheit
zugleich auszuleben.
Und zu erfahren, wie es ist,
wenn wir wild und ursprünglich sind.
Wenn unsere Körper sich finden
und sinnliche Geschichten erzählen.
Ich bin ein Liebender/eine Liebende.
Ich bin bewusst und fühle das Einssein mit allem,
wenn wir uns körperlich lieben.
Ich liebe meinen Körper und die Lust,
die er mir und dir schenkt.
Ich liebe deinen Körper, geliebte Dualseele,
und die Lust, die du mir und dir schenkst.
Wir lieben uns und die Lust,
die wir uns schenken.

Ein Baby zeugen, empfangen und Eltern sein

Die schönste schöpferische Tätigkeit ist die Zeugung und Empfängnis eines Kindes! Natürlich ist jede schöpferische Aktivität ein heiliger Akt. Wenn ihr gemeinsam in den Dienst der Schöpfung tretet und eure Gaben zum Wohl aller ins Leben bringt, ist dies, spirituell gesehen, der höchste Ausdruck der menschlichen Schöpferkraft.

Sollte es euch biologisch möglich sein, ein Kind zu zeugen, dann tut es! Falls ihr schon älter seid, bis ihr euch erkennt und zusammenleben könnt, wird euch eine andere schöpferische Aufgabe durchs Leben begleiten.

Für die Jüngeren unter euch ist es ein göttliches Privileg, einer neuen Generation auf die Welt zu helfen.

Aus einer Dualseelenbeziehung entstehen in der heutigen Zeit „klare, lichtvolle“ Kinder. Diese Lichtkinder müssen kein Karma mehr verarbeiten. Sie werden frei und spirituell weit entwickelt den Weg ins Leben finden. Es sind Kinder der absoluten Liebe.

Es wäre deshalb schön, wenn du dich für diese wunderbare Aufgabe bereiterklären könntest.

Die sexuelle Begegnung, die zu einer Empfängnis führt, ist immer eine besonders heilige Begegnung. Wahrscheinlich wirst du euer Lichtkind schon einige Wochen oder Tage vorher um dich herum spüren. Die kleine Seele wird sich bei euch einfinden, und du wirst das Gefühl haben, dass sie euch von der feinstofflichen Ebene aus begleitet, um sich mit euch vertraut zu machen und auf den für sie richtigen Zeitpunkt der Empfängnis zu warten.

Kinder suchen sich ihre Eltern aus. Die kleinen Seelen wissen genau, in welche Lebensumstände sie hineingeboren werden wollen. Sie wissen, wer und wie ihre Eltern sind und welche Situationen und Lernerfahrungen auf sie warten.

Lichtkinder aus einer Dualseelenbeziehung müssen fast keine Lernerfahrungen mehr meistern. Sie kommen im Grunde freiwillig zu euch. Viele von ihnen haben ihre Inkarnationszyklen abgeschlossen und könnten als Meister im Feinstofflichen weiter wirken. Doch sie entscheiden sich ganz bewusst, als Lichtträger und Herzensbotschafter auf die Erde zu kommen und das irdische Gefüge mitzugestalten, hin zu mehr Liebe und Bewusstheit. Damit die Menschen begreifen, dass alles eins ist und Gott uns alle träumt, um sich selbst zu erfahren, und dass Gott in uns ist, für immer und ewig, jetzt und in der ewigen Einheit. Und damit die Menschen nicht mehr das Leid benötigen, um ihre Seelen wachsen zu lassen.

Denn die Freude ist der neue Weg der Seelenreife und die Verbundenheit zwischen Himmlischem und Irdischem.

Nehmt das sexuelle Leuchten in euch an, um einem Lichtkind den Weg ins Irdische zu gewähren. Zaudert nicht, seid nicht berechnend oder zögerlich. Fühlt stattdessen tief in eure heilige Verbundenheit hinein und sagt vorbehaltlos „Ja“ zu einem neuen Leben und zur Erfahrung der Elternschaft.

Sobald ihr bereit seid, wird sich eure Lebensbestimmung mit der eures künftigen Kindes vereinen, und der richtige Zeitpunkt wird kommen.

Es ist wahrscheinlich, dass ihr es wisst, wann ihr das Kind zeugt und empfangt. Eventuell seht ihr sogar einen Lichtstrahl, der in den Schoß der Frau eindringt. Ihr werdet beide wissen, wann es so weit ist, wenn ihr achtsam und bewusst seid.

Freut euch auf diese neue Lebenserfahrung!

Die Lichtkinder, die nach 2012 von Dualseelenpaaren gezeugt werden oder auf die Welt kommen, werden anders sein als die Indigo-, die Kristall- oder Regenbogenkinder, die bis jetzt geboren wurden.

Sie werden „klar" und „rein" sein, wissend, weise, milde und gütig und mediale Fähigkeiten mitbringen, die sie aber nicht in den Vordergrund stellen.

Sie werden trotz allem Kinder sein, die eine feste und liebevolle Hand benötigen, die sie ins Leben begleitet. Vor allem werden sie Liebe benötigen, bedingungslose Liebe.

Du wirst als Elternteil in diese Aufgabe hineinwachsen. Mache dir deshalb jetzt keine Gedanken darüber. Du bist ein Liebender/eine Liebende und hast das Rüstzeug der Liebe und der Bewusstheit bei dir. Dies gilt auch für die Kindererziehung.

Bleibe im Fluss des Lebens. Folge deinem inneren Gefühl und hab Vertrauen, dass es in deiner Bestimmung liegt, dieses Kind zu erziehen. Du bist genau die richtige Mutter für dieses Kind. Du bist genau der richtige Vater für dieses Kind. Genieße es deshalb, dass dieses Kind dich erwählt hat, sein Elternteil zu sein. Sei dankbar und fühle dich gesegnet.

Stelle dein Kind aber nicht über dich selbst, wie es

viele Eltern tun, die ihrem Kind jeden Wunsch von den Augen ablesen und ihm keine Grenzen setzen.

Dein Kind benötigt Richtlinien, Regeln und eine harmonische Kommunikation. Ihr könnt miteinander jederzeit kommunizieren, indem ihr euch in die Arme nehmt und mit verständnisvoller Stimme sprecht.

Lass deinen Körper durch Berührungen, Schmuse- und Streicheleinheiten sprechen. Und dann sprecht miteinander. Sag schon deinem Neugeborenen, wie sehr du es liebst und dass du stolz bist, seine Mama oder sein Papa zu sein. Sag es täglich!

Sag es deinem Kleinkind, deinem Schulkind, deinem Jugendlichen!

Sprich es aus!

Jeder Mensch will gehört und erhört werden. Berührung und Sprache sind die Tore von Seele zu Seele im Irdischen und Zwischenmenschlichen.

Glaube fest daran, dass es dir gelingt! Du kannst es!

☆☆☆

Ich bin selbst ein heiliges Kind,
und nun bin ich bereit,
einem heiligen Kind
den Weg ins Leben zu ebnen.
Sei willkommen,
kleine Seele,
fühle dich wohl und zu Hause bei mir.
Ich liebe dich.
Ich bin für dich da.
Ich stehe dir zur Seite.
Wir lieben dich.
Wir sind für dich da.
Wir stehen dir zur Seite.
Danke, dass du uns als Eltern erwählt hast.
Danke, dass du dein Licht in diese Welt bringst.
Danke, dass es uns alle gibt.

Das Vergehen der Jahre, das irdische Ende und die Ewigkeit

Sobald du dir dessen bewusst bist, dass du eine Dualseele hast und dich nicht bewusst von ihr abwendest, sondern die heilige Aufgabe eurer vereinten Heilenergie annimmst, wirst du auch stets die Verbundenheit spüren, die das menschliche Leben euch beschert. Das heißt also, du nimmst immer wahr, was mit deiner Dualseele gerade los ist, wie es ihr geht, was sie fühlt und denkt und vor welchen Herausforderungen sie im Leben steht.

Und dies alles, obwohl du eventuell nicht weißt, wer sie ist und wo sie sich auf der Welt befindet. Es liegt einzig in deinem bewussten Wahrnehmen und deiner Offenheit, ob und was du wahrnehmen willst.

Wenn dir deine Dualseele als Mensch bekannt ist, wird die Wahrnehmung noch intensiver sein. Denn nun kannst du ihr eine Person zuordnen. Du weißt, wer deine Dualseele ist! Du hast sie schließlich erkannt. Auch wenn ihr nicht zusammenlebt.

Oder euch ist es geschenkt, zusammenzuleben. In diesem Bewusstsein können nun die irdischen Jahre vergehen.

Es wird immer wieder Zeiten geben, in denen du nicht oder nur wenig an deine Dualseele denkst. Eventuell wirst du nicht immer bereit sein, dich mit ihr zu vereinen, um eure lichtvolle Kraft zum Wohl aller zu entfalten.

Bitte tu es dennoch, so oft du kannst und willst! Denn es ist wichtig für den gesamten Planeten. Nimm deine eigene Strahlkraft an und die vereinte, gebündelte, potenzierte Liebeskraft aus eurer Vereinigung! Lass liebende Strahlkraft wirken!

Lass nicht nach, nur weil die Jahre vergehen. Gewöhne es dir an, den Bogen der Liebe stets aufs Neue zu spannen.

Es gehört zum menschlichen Leben dazu, dass alles Neue mit Lust und Begeisterung begangen wird, um irgendwann nachzulassen und es schließlich ganz aufzugeben.

Wenn du nicht stets bewusst die Motivation in dir spürst, dich mit deiner Dualseele zu verbinden, kann es sein, dass du vergisst, gemeinsam Heilkraft zu entfalten. Bitte erlahme nicht. Nimm dir stattdessen die heilige Zeit, dich mit deiner Dualseele zu verbinden und Heilkraft fließen zu lassen. Die Zeit für die Verbundenheit mit deiner Dualseele ist kostbar. Sie ist ein Akt der Selbstliebe und Nächstenliebe. Sie ist die gelebte Liebe Gottes auf Erden, voller Licht- und Heilkraft.

Halte dieses Licht und diese Liebe in dir am Leuchten.

Mache sie dir jeden Tag bewusst.

Auch die Beziehung mit deiner Dualseele, wenn ihr euch erkannt habt und das große Glück habt, euer Leben gemeinsam zu verbringen, kann erlahmen. Der Alltag kehrt ein, abends ist jeder müde, die Gewohnheiten überschatten die Frische und Lebendigkeit der Beziehung.

Achtet auf euch! Setzt Kontrapunkte, die den Alltag aufbrechen. Betrachtet euch täglich mit den Augen der Liebe. Betet euch an. Erneuert euer heiliges Versprechen, füreinander da zu sein. Lasst regelmäßig Rituale stattfinden, die euch an die Heiligkeit eurer Beziehung erinnern.

Seid bewusst! Und erinnert euch!

Es ist stets eine Herausforderung, der Trägheit des Lebens die mutige Tatkraft entgegenzusetzen. Du musst dich jeden Tag aufs Neue dafür entscheiden.

Entscheide dich!

Hab Freude daran, Freude an der Bewusstwerdung, an der Erinnerung, an der Verheißung für die Gegenwart und die Zukunft. Entscheide dich aus Freude täglich neu. Verliebe dich voller Freude in das Leben. Nur was dir auf Dauer Freude bereitet, wird dich beflügeln und dich drängen, dranzubleiben.

Deshalb koste die herrlichen Gefühle ganz und gar aus, die eine Vereinigung mit deiner Dualseele mit sich bringt (ob ihr nun zusammen lebt oder du die geistig-seelische Verbundenheit zelebrierst). Freue dich auf deine körperlichen Reaktionen, die mit diesem Erlebnis der Vereinigung verbunden sind, und auf deine inneren Bilder und Visionen, die dir dabei gezeigt werden.

Freue dich, dass du dazu beitragen kannst, diesen Planeten mit Liebe schöpferisch zu gestalten und zu verwalten. Freue dich an deiner Kraft und Macht, deinem Leben Gestalt zu verleihen und für eine höhere Aufgabe zum Wohl aller tätig zu sein.

Freue dich, dass du ein Kind Gottes bist und in seinem Auftrag aktiv wirst, indem du dich zu deiner Dualseele bekennst und das volle Potenzial deiner seelischen Kraft in der Vereinigung mit deiner Dualseele annimmst.

Die Welt braucht dich!

Deine Dualseele braucht dich!

Du brauchst deine Dualseele!

Also werde aktiv!

Du wirst wissen, dass du für alle Ewigkeit eins bist mit Gott und deiner Dualseele. Dieses Bewusstsein wird dich über die vielen irdischen Jahre hinwegtragen.

Und wenn du eines Tages merkst, dass deine Dualseele vor dir aus dem Leben scheidet, dann verabschiede dich dankbar von ihr, um sie in der Geistigen Welt willkommen zu heißen. Sie wird dir weiterhin zur Seite stehen. Ihr seid immer eins, in welcher Dimension ihr euch auch befindet.

Deine Dualseele wird auf dich warten, wenn es dann auch einmal für dich Zeit ist, in die Geistige Welt zu wechseln.

Alles hat seine Bestimmung und Zeit. Wenn du innig mit deiner Dualseele über die Jahre verbunden bleibst und dich nicht von ihr abwendest, wirst du wissen, wann der Zeitpunkt gekommen ist, wenn sie vor dir in die Geistige Welt geht. Du wirst ihr über die Schwelle helfen, indem du in diesem Moment energetisch bei ihr bist und sie mit Hilfe eurer vereinten Strahlkraft hinübergeleitest.

Andersherum wird auch deine Dualseele wissen, wenn du zuerst in die geistige Dimension wechselst. Sie wird dich energetisch ebenso über die Schwelle begleiten. Vereine dich mit ihr und koste besondere heilige Momente bewusst aus. Solche heiligen Momente sind zum Beispiel alle Stationen, Umbruchsituationen und Veränderungen des Lebens. Und dazu gehört auch der Tod, also das Hinüberwechseln der Seele in die Geistige Welt, die große Transformation von der materiell sichtbaren und grobstofflichen Dichte des menschlichen Körpers zum feinstofflichen Dasein.

Wenn du mit deiner Dualseele viele Lebensjahre gemeinsam verbracht hast, kann es zunächst sehr traurig für dich sein, wenn sie vor dir in die feinstoffliche Welt wechselt. Menschen vermissen einander, auch wenn sie wissen, dass es eigentlich keine Trennung gibt. Es kann also gut sein, dass du deine Dualseele als Mensch sehr vermisst und merkst, wie wunderbar es war, dass ihr zusammenleben konntet.

Wenn ein Mensch stirbt, kann es sich anfühlen, als ob ein wichtiger Teil abgetrennt wird. Und es ist ja auch so im irdischen Gefüge: Ihr habt euer Leben miteinander verbracht. Ihr hattet eine liebevolle Verbindung im menschlichen Leben. Nun fehlt dir der andere Mensch, auch wenn du weißt, dass deine Dualseele weiterhin um dich ist, als reine Seele in der feinstofflichen Welt des Geistes.

Verdränge deine Trauer nicht, sondern lass sie zu. Es liegt in der Bestimmung des Menschen, dass er hinüberwechselt in die feinstoffliche Welt, wenn seine Zeit gekommen ist. Als Mensch hat jeder seine individuelle Zeitspanne, die ihm im Leben geschenkt worden ist. Daran gibt es nichts zu rütteln.

Gib dich diesem Wissen hin und sei dankbar, dass ihr das Leben zusammen verbringen konntet. Dein Schmerz ist da. Du trauerst. Das ist normal. Weine dich aus, halte deine Tränen nicht zurück, sie werden dich befreien.

Es wird dich trösten, dich jederzeit mit deiner Dualseele verbinden zu können. Denn ihr seid eins für immer und ewig. Alles andere ist eine Illusion. Ihr existiert jetzt und immer. Ihr seid Gottes Traum. Es ändert sich nichts an der Tatsache, dass du jederzeit mit deiner Dualseele im Geistig-Seelischen verschmelzen kannst. Das kannst du immer, so lange es dir bewusst ist.

Es liegt an dir. Du kannst es. Entscheide dich dafür. Sei ein Liebender/eine Liebende, verbinde dich mit deiner Dualseele und sende dir selbst liebende Heilkraft.

Spüre hinein! Erlebe den Akt der Verschmelzung! Deine Dualseele lebt ewig, wie du auch, wie die gesamte Schöpfung, die Gottes Traum ist. Deine Dualseele ist tot. Sie hat ihren menschlichen Körper zurückgelassen, um als reine Seele auf dich zu warten, bis auch du aus deinem menschlichen Körper trittst.

Doch noch hast du deinen menschlichen Körper und mit ihm die Aufgabe, zu lieben.

Du bist gesegnet.

Alles an dir und an deiner Dualseele ist Segen.

Segne dich selbst und deine Dualseele. Segne Gottes Traum. Gottes Traum ist Alles-was-ist. Du bist Alles-was-ist. Alles ist Alles-was-ist. Für immer und ewig. Lebe dein Leben in Dankbarkeit, Freude und Bewusstheit.

Genieße und gib dich deiner Bestimmung hin. Gottes Wille geschieht in dir und durch dich.

Es ist alles gut und richtig so, wie es ist. JETZT!

Ich bin voller Dankbarkeit.
Ich bin gesegnet.
Ich bin immer eins mit dir,
geliebte Dualseele.
Wo auch immer wir sind,
wer auch immer wir sind,
in welcher Dimension wir uns auch befinden,
im Grobstofflich-Irdischen oder im
Feinstofflich-Seelisch-Geistigen.
Wir sind Gottes Traum.
Wir sind eins.
Wir sind alles.
Wir sind die gesamte Schöpfung,
und die gesamte Schöpfung ist in uns.
Alles ist jetzt.
Ich bin.
Ich bin ich, bin du, bin Gott und in Gott.
Für immer und ewig.
Amen.